공동사회 교육론

이명수 편저

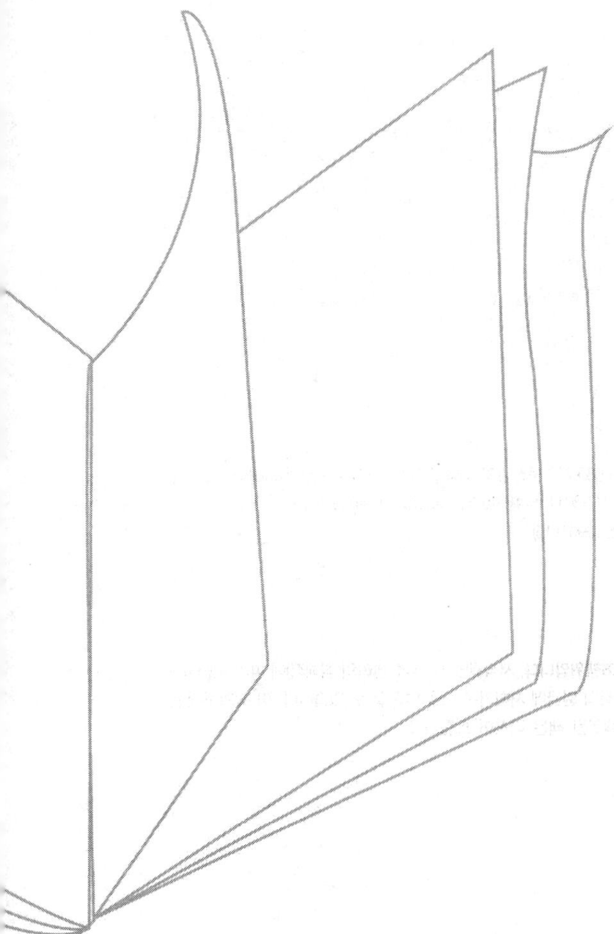

UUP

공통사회 교육론

- 2013년 02월 20일 **초판 인쇄**
- 2013년 02월 25일 **초판 발행**
- **편저자 이명수**
- **펴낸이** 이철
- **펴낸곳 UUP.**(울산대학교출판부) 680-749 울산광역시 남구 대학로 93(무거동) 울산대학교 출판부
- 전화 (052)259-2488 팩스 (052)277-3011 ▪ **홈페이지** http://uup.ulsan.ac.kr
- **출판등록** 제370-1996-000001호(1996.3.13)
- ₩ 9,000

ISBN 978.89.7868.301.2 (93370)

책 머 리

교육이라는 개념은 매우 포괄적인 의미를 지니고 있지만, 보편적으로 인간을 바람직한 방향으로 이끌어 가는 하나의 의도적 과정이라고 할 수 있다. 이러한 의도성을 지닌 변화과정에는 여러 가지 방법이 도입되고 각 방법은 독특한 특성을 지니고 있으므로 교육방법은 그 대상과 내용에 따라 다양성을 지니게 된다. 또한 교육방법은 교육목적을 달성하기 위하여 준비된 교육내용을 구체적으로 실현하는 방식을 의미하기 때문에 교육방법이 지니고 있는 특성에 따라 교육목적달성과 교육내용 전달의 효과는 다양하게 나타날 수 있게 된다.

그러나 정규적인 교과과정에 의하여 일정한 연령수준에 있는 학생을 대상으로 하는 교육방법은 어느 정도 한정화 되어있고 그 다양성이 제한적 일수 있으나, 주로 성인을 대상으로 하는 사회교육방법은 그 대상자에게 매우 포괄적이면서 다양성을 지니고 있기 때문에 그 교육방법도 매우 다양성을 지닐 수밖에 없다. 따라서 사회교육방법은 일반교육방법의 적용원리를 그대로 적용하기 어렵다는 전제하에 접근되어야하는 교육방법이다.

특히 성인계층에 대한 교육은 일반 학교교육에서 지향하는 교육이념 또는 목적에 해당되는 전인교육에 있다기보다 성인들이 일상생활을 하면서 그때 필요로 하는 교양, 정보 및 기술을 습득하는데 있으므로 일반학교 교육의 교육목적과는 매우 대조적인 특성을 보이고 있다.

따라서 사회교육방법은 생활의 질을 향상시켜주고 나아가 그들이 살고있는 지역사회의 삶의 질이 향상되도록 하는데 필요한 효과적인 교육방법을 의미한다고 볼 수 있다.

그러므로 일선교육현장에서 일반사회교사가 지녀야할 최소한의 지식을 갖게 하는데 일조가 되었으면 하는 마음이다.

목 차

제1장 교육실습의 개념

1. 교육실습의 의의

교육실습(educational practice, teaching practice)은 일반적으로 사범대학이나 일반대학의 교육학과, 또는 교직과정이 설치된 대학에서 정해진 교과목을 이수한 뒤에 일정 기간동안 실제적인 교육활동에 참여하게 하는 과정을 의미한다. 교육실습을 하게되는 사람을 교생(student teacher)이라고 하므로 교육실습을 가끔 교생실습이라고도 한다.

교직과정에서는 교사자격증을 취득하기 위하여 필수적으로 이수해야할 교과목과 학점을 10개 교과에 20학점으로 규정하고 있는데, 이 중 9개 교과 18학점은 이론교과목이라 할 수 있고 나머지 한 교과목이 바로 2학점이 배정된 교육실습이다. 그러므로 교육실습은 대학의 강의실에서 이론적으로 학습한 것을 중등학교 교실이라는 교육의 실제적 상황에 적용해 보는 과정이며, 이 과정을 통하여 교사의 실무적 기능을 익히고 훈련받게 되므로 교육실습은 교사교육(teacher education)의 핵심적인 측면이 되고 있는 것이다.

적어도 근대 이후부터는 직업에 귀천이 없는 것이고 세상에는 수많은 종류의 직업이 있지만 인간을 가르쳐서 바람직한 방향으로 변화시키려는 교육, 그것을 직업으로 하는 교사직이야말로 모든 사람의 관심과 존경 그리고 선망의 대상이 되는 직업이라고 하지 않을 수 없다. 다소 진부한 표현이기는 하지만, 교사직을 '성직' 이라고 하며 교사를 '국민의 사표'라고 하는 이유도 바로 이러한 데서 찾아볼 수 있다. 국가의 내일은 내일의 국민에게 달려 있고 내일의 국민은 오늘의 교육에 달려 있으며, 오늘의 교육은 바로 그것을 담당하고 있는 오늘의 교사에게 달려 있는 것이다. 교육의 중요성 또는 교사라는 직업의 가치성은 바로 여기에 있는 것이다. 이렇게 중요한 교사라는 직은 바로 교육실습을 첫 걸음으로 해서 시작되는 것이고 교육실습은 그것을 훈련하는 program의 중요한 한 영역이 되고 있다.

위와같은 고찰을 바탕으로 하여 교육실습의 의의를 생각해 보면 다음의 몇가지로 간추려질 수 있다.

첫째로, 교육실습은 대학에서 익힌 교육이론을 교육현장에 적용·실천해봄으로써 이론과 실제의 관련성을 몸소 체험하는 계기가 된다. 학문이나 이론이 언제나 실제적인 유용성을 가진다고 할 수는 없기 때문에 유용성이 없는 학문이나 이론도 얼마든지 존재할 수는 있다. 그러나 같은 값이면 유용성까지 지니는 이론이라면 더 좋은 이론이라고 할 수 있을 것이다. 그러나 교육학의 경우는 교육철학이나 교육사에 관련된 이론 등 일부를 제외한 대부분의 이론, 특히 교육심리학 이론 등은 실제적인 교육상황에서도 적용 될 수 있는 유용성을 가지고 있는 것이다. 다만 현재 우리들이 공부하고 있는 이론들의 대부분이 사회·문화적 배경이 우리와는 다른 외국(미국)에서 개발된 것들이기 때문에 우리의 교육현장에 적용시키는 데에는 어느정도 문제가 생길 수 있다. 교육실습은 이러한 문제에 직접 부딪히게 되어 그 해결책을 모색하게 된다는 점에서 교육적 의의를 찾아 볼 수 있다.

둘째로, 교육실습은 교사로서의 능력 내지 적성을 시험해 보는 기회가 된다. 교사라는 직업에서 요구되는 능력이 어느 정도이며 필요한 적성이 어떤 것이냐에 대해서는 여러가지로 논의될 수 있겠지만, 교육실습은 교생들로 하여금 자신의 능력이나 적성이 교사라는 직업과 관련하여 어떠한가를 가장 직접적으로 알아보고 또 스스로 느끼게 한다. 따라서 교육실습을 통하여 교생은 교육에 관한 자신의 학문적 지식과 교사로서의 인성을 스스로 반성해 볼 수도 있게 된다. 즉 미완성, 미성숙의 호기심 많은 중등학생들에게 지식이나 기술을 가르쳐 주고 태도의 형성에 영향력을 행사해 봄으로써 즐거움과 보람을 느끼게 되는 것이고 이를 통하여 교사라는 직업에 대한 자신의 적합성의 정도를 저절로 깨닫게 될 것이다.

셋째로, 교육실습은 교직에 대한 준비교육 내지 훈련과정으로서는 마지막 단계라는 중요성을 가진다. 최근에 와서 교사교육(teacher education) 또는 교사 재교육(teacher re-education)에 대한 논의가 점차 많아지고 있다. 이는 국가간의 경쟁형태가 1960년대까지의 군사력 경쟁에서 1970년대까지의 경제력 경쟁으로, 다시 1980년대 이후부터 인간자본(human capital)에 대한 중요성 인식과 함께 교육력 경쟁으로 변화되는 추세에 기인한 것이라고 할 수 있다. 특히 우리나라에서는 '교육의 질은 교사의 질에 비례 한다'는 일반적인 생각을 바탕으로 교사교육의 개선방안이 여러갈래로 제시되어 논의되고 있다. 1991학년도부터 실시되고 있는 교사 공개채용 제도와 교육계열 학과의 입시에서 면접 및 적·인성검사 제도 등을 비롯하여, 계속 논의되고 있는 수습교사 제도, 사범대학의 수학연한 연장이나 졸업학점의 상향조정 등은 모두 이러한 맥락에서 이해될 수 있는 것들이다. 어쨌든 현행제도 아래서는 교육실습이 교사자격을 취득하는 마지막 과정이고, 최종의 단계임은 사실이다. 그러므로 교육실습이 교사자격을 취득하는 하나의 요식행위가 되어서는 안되며 이론과 실제를 연계시키는 가장 중요한 교사교육의 과정임을 대학과 실습학교 모두가 인식해야 할 까닭이 바로 여기에 있는 것이다.

2. 교육실습의 목적

교육실습의 최종적, 궁극적인 목적은 바람직한 훌륭한 교사, 이상적인 교사를 만드는 것이다. 이러한 목적은 국가나 대학이나 실습학교 모두가 이론 없이 합의될 수 있는 공통적인 것이다. 그러나 이러한 공통적인 목적은 어디까지나 최종적, 궁극적인 목적이기 때문에 이것의 하위적 이고도 수단적인 목적을 고려해 보지 않을 수 없다. 목적이라기보다는 오히려 목표라고 하는 것이 더 적절하다고 할 수 있는 이러한 하위적, 수단적인 교육실습의 목적은 교육실습을 통해서 교생들이 성취하게 되기를 바라는 직접적,

구체적인 행동형태 또는 경험의 유형들이라고 할 수 있다. 이러한 의미의 교육실습의 목적은 대체로 다음과 같은 몇가지로 정리해 볼 수 있다.

첫째, 대학에서 익힌 전공과목과 교직과목에 관한 이론을 학교 현장에 적용 · 실천하는 능력을 기른다. 다시 말하면, 대학에서 배운 모든 이론을 직접 교육현장에 적용시키는 체험을 하는 것이 교육실습이기 때문에 이 체험을 통하여 교사로서 갖추어야 할 능력을 기리고 기술을 익히게 되는 것이다. 대학에서 배운 이론이란 주로 전공과목의 이론과 교직과목의 이론을 말하는데, 전자는 교과서에 담긴 내용과 관련되는 것이고, 후자는 수업하는 방법에 관련되는 것이 대표적인 것이다.

둘째, 예비교사라는 지위에서 교육이라는 특수한 활동을 경험한다. 교생은 일반학생들에게는 교사라는, 실습학교 교사들에게는 학생이라는 이중적인 양면성을 지닌 지위에서 '바람직한 방향으로 인간을 변화 시키려고 하는' 교육활동을 실제로 수행하게 된다. 이를 통하여 교생들은 교육이 인간과 인간과의 상호작용을 통하여 이루어지며, 인간은 다양한 개인차(individual difference)를 지니고 있다는 사실을 알게 된다.

뿐만 아니라 이러한 개인차가 교육활동을 어렵게 만들며 또 교육이 결코 수업을 중심으로 하는 학습지도 활동만이 아니고 클럽 활동이나 상담과 같은 생활지도 활동까지를 포괄하는 매우 광범한 활동임을 체험하게 된다. 이러한 체험을 통하여 교사로서의 사명감을 깨닫게 되고 나름대로의 교육관도 가져보게 된다.

셋째, 오늘의 교육이 처해 있는 참 모습을 이해한다. 대학의 강의를 통해서도, 비록 이론적 수준에서지만 오늘의 교육이 안고 있는 여러가지 문제들을 어느정도 알게 되지만, 교육실습을 통해서 이를 확인하고 더 깊게 이해할 수 있게 된다. 여기서 말하는 참모습이란 오늘의 우리 교육이 안고있는 여러가지 문제점을 비롯한 특징들을 총체적으로 말하는 것이다. 우리교육의 모든 측면이 전부 잘못되어 있다고는 할 수 없겠지만 이른바 전국교직원노동조합(전교조) 문제를 위시해서 적지 않은 교육문제들이 국가적 차원에서 논의되고 있는것이 현실이다. 이러한 교육계 안팎에서 제기되고 있는 교육문제들에 직접 부딪쳐 보고 그 해결책을 나름대로 생각하면서 우리교육의 실상을 바르게 안다는 것이 교육실습의 중요한 또 하나의 목적이 되는 것이다.

넷째, 교생자신의 인성이나 적성 또는 교사로서의 자질이나 능력을 평가해 본다. 교육실습은 4주간이라는 비교적 짧은 기간이지만 이 기간 동안에 교생은 자신이 교육이라는 활동을 직업으로 수행하기에 얼마나 적합한 사람인가를 스스로 평가해 보아야 한다. 학교교육에서 교사가 하게 될 영역은 학습지도, 생활지도, 클럽활동 지도 등 크게 세가지로 나눌 수 있지만 이것 외에도 학급경영이나 환경정리 등 일일이 열거할 수 없을 정도로 많다. 또 교사가 처리하게 되는 인간관계도 학생과의 관계뿐만 아니라 교장·교감을 비롯한 동료교사와의 관계, 학부형과의 관계 등 매우 복잡하다. 이와같이 많은 업무와 복잡한 인간관계의 효율적인 처리를 위해서는 원만한 인성이나 적성과 함께 고도의 전문성을 띠는 능력을 필요로 하는 것이다. 교육실습 기간동안 교생들은 비록 충분하지는 못할지언정 자신들이 이러한 특수성을 지니고 있는 교사직에 얼마나 적합한지를 스스로 평가해 보아야 하고 또 자연스럽게 평가해 보게도 된다.

3. 교육실습의 내용

교육실습의 구체적 내용은 실습학교에 따라서 조금씩 다를 수 있겠지만 크게 보면 관찰활동, 참가활동, 수업활동 등 세가지로 나누어 볼 수 있다. 이들 활동들은 대체로 교육실습이 진행되는 데 따라서 관찰활동→참가활동→수업활동 등의 순서로 그 비중이 옮겨진다. 다만 각종모임에 참가한다든가 협의하는 등의 활동은 사무적인 성질의 것이 대부분이기 때문에 교육실습의 진행과는 관계없이 일정하다. 이러한 교육실습의 내용을 실습과정의 모형으로 제시하면 다음의 [그림I.1]과 같이 된다.

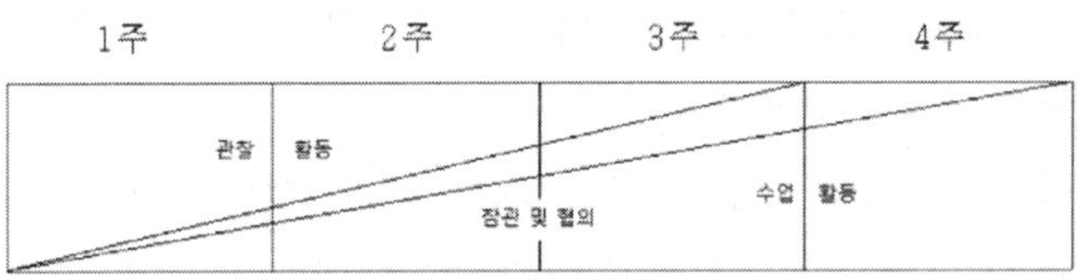

[그림1.1] 교육실습의 과정 모형

위의 그림이 시사해 주는 의미는 교육실습의 주요한 내용이 되고 있는 세가지 활동들이 4주간이라는 교육실습기간동안 어떻게 진행되는가를 보여주는 것이다.

1) 관찰활동

(1) 의의

일반적으로는 어떤 사물이나 현상의 실질적인 상태를 지각하거나 깊이 이해하기 위하여 수행하는 시각이나 청각을 통한 활동을 관찰(observation)이라고 하지만, 여기서는 학생들의 학교생활,

교사들의 수업활동, 학교의 시설 등 학교교육의 제반 현황을 파악하기 위하여 주시하고 경청하는 활동을 말한다. 이를 다른말로 표현하면, 실습학교의 교육사상을 이해하기 위한 일종의 자료수집활동이라고도 할 수 있다.

이러한 교육실습에서의 관찰활동은 실습의 준비과정, 기초과정, 보충과정이 되는 동시에 교육실습이 끝날 때까지 계속되는 필수적인 과정이기도 하지만 주로 교육실습이 시작되고부터 1주일간에 집중적으로 행해진다. 관찰활동의 구체적인 교육학의 여러 이론들이 교육의 현장에서 어떻게 적용되고 있는가를 알아본다.

첫째, 교사, 학생, 교재나 학교시설 등 교육활동의 필수적인 요인들이 어떻게 조직되고 구성되어 교육력의 산출에 기여하고 있는가를 분석해본다.

둘째, 교육실습을 성공적으로 수행하는 데 필요한 자료를 수집한다.

셋째, 교육현상을 정확하게 이해하기 위하여 필요한 바람직한 관찰의 태도와 능력을 기른다.

과학적이고 합리적인 관찰이 되기위해서는 관찰의 정확성, 신뢰성, 타당성, 객관성 등의 조건이 충족되어야 하지만 관찰자는 주관, 성격, 태도, 기질 등이 서로 다르므로 관찰의 대상이 동일하다고 하더라도 관찰의 결과는 일치하지 않을 수 있다. 이러한 관찰자간의 불일치를 최소한으로 줄이려면 관찰에 대한 사전지도와 계획 또는 관찰의 방법이나 기법 등에 대한 사전지식이 갖추어져야 한다.

(2) 대상

교육실습에서의 관찰은 교육실습을 효과적으로 수행하기 위한 것이므로 실습학교의 교육활동에 관련된 모든 영역이 관찰의 대상이 되어야 한다. 그러나 잡다한 모든 사항들을 일관성이나 계획성없이 관찰하게 되면 앞서 제시한 관찰의 목적도 달성할 수 없게 될 뿐만 아니라 오히려 교육적인 역효과를 나타낼 수도 있다. 그러므로 관찰의 대상은 관찰의 의의나 목적에 부응할 수 있는 것을 신중하게 선정해야 하며 효과적인 관찰을 위한 준비나 계획도 사전에 치밀하게 세워져야 한다.

중요한 관찰의 대상은 대체로 다음과 같은 네 영역으로 나누어서 요약해 볼 수 있다.

① 환경에 대한 관찰

- 학교환경
  - 학교의 위치(통근거리나 수단 등)
  - 학교의 건물(건물이나 교실의 배치, 채광이나 통풍 등)
  - 부속건물이나 시설(특별교실, 강당, 체육실, 표본실, 전시실, 자료실 등)
  - 학교의 전체분위기
- 학급환경
  - 학급의 위치와 교실 바깥 환경(게시물, 화단 등)
  - 교실내부의 환경(책 · 걸상배치, 실내 게시물, 각종 비품 등)
  - 학급내의 전체 분위기

② 학생에 대한 관찰

- 학생활동 관찰
  - 전교생의 교내활동(등 · 하교, 휴식시간, 의식이나 행사 등

의 활동)

- 전교생의 교외활동(소풍, 수학여행, 기타 교외 단체활동 등)
- 전교생의 교실내 활동(중식시간, 휴식시간에서의 실내활동)

• 학생발달 상황관찰

- 출결상황, 신체 및 복장, 자세, 학습태도 등
- 신체발달 상황(생활기록부, 건강기록부등 활용)
- 지적 및 사회적 발달(호기심, 질문 및 관찰, 표현력, 판단력, 교우관계 교사나 부모와의 관계 등)
- 특수학생에 대한 관찰(성적우수아 및 부진아, 신체장애아 등)

③ 교직원에 대한 관찰

• 교직원의 수와 조직(교과, 학급, 담당사무, 기타 협력관계 등)
• 교직원의 특성(소지자격증, 성별, 연령, 경력, 의식구조 등)
• 교직원의 근무자세(출퇴근, 일과, 업무처리, 근무태도 등)
• 교직원의 일상생활(용의, 언어, 대인관계, 관심사항, 취미, 여가 생활 등)

④ 학급관리에 대한 관찰

• 학급집단의 공식·비공식조직
• 교실의 분위기(질서, 정숙, 경쟁, 협동 등)
• 보건 · 위생의 관리(통풍, 채광, 청결 등)
• 학급비품, 게시물 등의 관리
• 학급사무에 관한 장부 및 그 기록상태

⑤ 학교운영과 업무추진에 대한 관찰

- 학습지도에 관한 관찰
  - 교육과정의 편성 및 운영실태
  - 학습지도 연간계획서 및 학습지도안
  - 평가계획 및 실시상황
  - 학습지도의 준비과정(교재연구, 자료제작, 지도안 작성 등)
  - 교사의 수업활동
  - 우수아 및 부진아에 대한 특별지도 활동
  - 학생의 학습활동(수업태도, 자율학습태도, 가정학습, 도서관 이용, 독서상황 등)
- 생활지도에 관한 관찰
  - 생활지도 연간계획 및 추진상황
  - 생활지도에 관련된 각종 규정 및 그 적용실태
  - 생활지도를 위한 직원조직 및 그 운영실태
  - 생활지도를 위한 자료수집, 관리 및 활용실태
  - 생활지도를 위한 지역사회 및 학부모와의 협력관계
  - 생활지도의 실제(방법, 장소, 시기 등)
- 특별활동에 관한 관찰
  - Home Room 활동의 조직과 운영실태
  - Home Room 활동의 연간계획 및 그 실시상황
  - Club 활동의 조직
  - Club 활동의 연간계획
  - Club 활동의 운영실태

⑥ 도서관 기타 특별교실에 대한 관찰

- 도서관의 구조(사무실, 서가, 열람실, 장서 및 서고 등)
- 도서관의 운영(대출, 회수, 분류, 보관 등)
- 도서관 업무
- 도서관 열람 및 그것에 관련되는 규정
- 도서관 이용실태
- 자료실, 시청각실 등의 운영
- 방송실, 휴게실, 기타 특별교실의 운영실태

(3) 방법

올바른 교육이 이루어지기 위해서는 피교육자인 학생에 대해서 뿐만 아니라 주변환경에 대해서도 정확하게 이해하는 것이 무엇보다도 중요하다. 이를 위해서는 교육활동에 영향을 미치는 모든사항을 객관적으로, 타당성과 신뢰성이 보장되는 방법으로 관찰활동이 먼저 있어야 하고 이를 토대로 교육활동이 전개되어야 한다. 이와같은 과학적인 관찰이 되려면 다음과 같은 조건이 미리 충족되어야 한다.

첫째, 구체적인 관찰의 목적이 명료하게 설정되어 있어야 한다. 또 이러한 목적을 관찰에 임하는 모든 사람들은 사전에 정확하게 알고 있어야 한다.

둘째, 관찰의 목적에 적합한 관찰방법을 택해야 한다. 왜냐하면 관찰의 시간, 장소 및 그 구체적 방법이나 절차 등은 관찰의 목적에 따라서 매우 다양할 것이기 때문이다.

셋째, 관찰활동은 체계적이어야 하고 세밀해야 한다. 학생들의 사소한 행동 하나 하나가 그들의 내면세계를 표출시키는 것일 수 있고, 아무것도 아닌것 같은 작은현상이 교육활동의 특징을 나타내 주는 것일 수도 있는 것이다.

넷째, 관찰에서 얻어진 특이한 사항은 자세하고 요령있게 기록해 두어야 한다. 그때그때 기록해 두지 않으면 잊어버리기 쉬우며, 또 기록을 위한 사전준비도 항상 되어있어야 한다.

다섯째, 관찰된 사항은 적절하게 해석되고 판단되어 활용될 수 있어야 한다. 관찰이란 효과적인 교육활동을 수행하기 위한 하나의 수단이기 때문에 그 결과는 당연히 활용되어야 하며 그러기 위해서는 적절한 해석과 판단이 수반되지 않을 수 없다.

관찰의 몇가지 방법을 제시하면 다음과 같다.

① 자연적 관찰법

등교할 때부터 일과가 끝나는 시간까지의 일어나는 모든일들을 있는 그대로 관찰하여 기록하고 분석하는 방법이다.

② 현장표본 관찰법

관찰의 목적과 내용을 미리 설정하여 거기에 알맞은 장소만을 표집하여 관찰하는 방법이다.

③ 시간표본 관찰법

일정한 시간대를 설정하여 해당시간에 일어나는 모든 현상만을 관찰하는 방법이다. 이는 점심시간이나 청소기간과 같이 특히 관심을 가진 시간에 나타나는 현상을 보다 집중적으로 자세하게 관찰하여 분석하고자 할 때 사용되는 방법이다.

관찰한 것을 기록하는 방법에는 다음과 같은 몇가지를 들 수 있다.

① 일화 기록법(Anecdotal Method)

- 행위자의 성명, 날짜와 장소, 관찰자의 성명
- 실제로 일어난 현상을 사실적으로 기록하며 직접적인 행동뿐만 아니라 관련된 부수적인 행동도 관찰하여 기록한다.
- 관찰된 행동에 대한 해석은 별도로 기록해 둔다.

② 체크리스트법

예상되는 행동유형을 미리 목록화 해 두었다가 해당행동이 나타날 때마다 체크해가는 방법이다. 체크리스트의 작성방법에는 여러 가지가 있을 수 있겠지만 하나를 예시하면 다음의 [그림1.2]와 같다. 이를 통하여 일정한 행동의 빈도수를 개인별로 알아 볼 수 있게 된다.

행동 / 이름	1	2	3	
홍길동				
○○○				
○○○				
⋮				

*행 동
1. 심한 장난
2. 싸움(공격적 행동)
3.친구와 협동
4.인사
5.독서
6.…
7.…

[그림1.2] 체크리스트의 방법 예시

③ 평정 척도법 (Rating Scale Method)

여기에도 여러가지 방법이 있을 수 있지만 일반적으로는 관찰하고 싶은 행동특성에 대하여 그 정도의 차이를 몇 단계로 구분하여 점수를 매기는 방법이 대표적이다.

〈예〉	매우 잘한다	잘한다	보통이다	못한다	매우 못한다
	(5)	(4)	(3)	(2)	(1)

(4) 관찰기록 및 해석상의 유의점

① 관찰상의 유의점

- 관찰의 목적을 의식하면서 관찰한다.
- 나타나는 현상은 빠뜨리지 않고 관찰한다.
- 관찰대상의 변화에 기민하게 대처한다.
- 교사의 수업활동이나 학생의 학습활동에 방해가 되지 않도록 관찰한다.

② 기록상의 유의점

- 관찰의 목적과 관련되는 사항을 명확하게 기록한다.
- 관찰의 장소, 시간, 대상 등을 기록한다.
- 관찰은 비밀로 해야하기 때문에 속기하는 것이 좋다.

③ 해석상의 유의점

- 객관적이고 타당성 있는 해석이 되어야 한다.
- 비판적인 해석이 되어서는 안된다.
- 원인을 밝혀내는데 초점을 두는 해석이 되어야 한다.

(5) 관찰결과의 보고

관찰결과의 보고는 어떤 형태로 하든지 구두로 하는 것보다는 문서로 하는 것이 바람직하다. 그리고 이 보고는 일반적으로 교육실습 일지에 기록하는 형식을 취하게 된다. 보고서의 형식은 여러 가지가 있을 수 있지만 다음의 사항들은 공통적으로 포함시키는 것이 바람직하다.

- 관찰의 목적
- 관찰대상(학년, 반, 인원, 성별, 대상활동, 대상교과 등)
- 관찰장면(장소, 학년, 학급환경, 관찰 당시의 상황, 지도교사 등)
- 관찰일시(년, 월, 일, 시간)
- 관찰자의 직위, 성명
- 관찰된 사실
- 관찰된 사실에대한 해석
- 관찰후의 소감 및 앞으로의 과제

2) 참가활동

(1) 의미

일반적으로 참가(participation)란 어떤 집단 속에 적극적으로 참여하여 그 집단의 바람직한 발전을 위하여 행하는 모든 활동을 말한다. 따라서 교육실습에서의 참가는 현직에 현장의 교사와 같이 모든 교육활동을 주체로서 또는 보조자로서 수행해 나가는 체험의 과정을 의미한다.

학급담임 또는 보조자로서 수행해 나가는 체험의 과정을 의미한다. 학급 담임 또는 교과담임교사로서, 아니면 그 보조자의 지위에서 행하는 학습지도 활동을 비롯한 생활지도, 클럽활동 지도, 실험실습 지도, 학급경영, 사무분장에 따르는 활동 등은 모두 참가활동에 해당된다.

그러나 참가활동은 어디까지나 참가에 불과한 것이지 책임을 지는 주체이거나 주재하는 것과는 다르다. 이런점에서 참가는 좋은 의미에서의 실제실습과는 구별된다. 다만 참가자가 책임자는 아닐지라도 교육활동을 수행하고 있기때문에 피교육자인 학생들에게 영향을 미치고 있다는 측면에서는 실제교사에 의한 교육활동과 동일하다고 하지 않을 수 없다. 또 참가활동은 다음 단계의 수업활동에 대비하는 문제점의 분석과 학생들에 대한 올바른 이해를 증진시키는 수업 이전(pre-teaching)의 활동이라고도 할 수 있다.

관찰행동이 제3자적 입장에서 교육기구, 교육활동, 교육현상, 교직원 및 학생의 실태 등을 있는 그대로 시각적으로 보는 활동이라고 한다면 참가활동은 교육활동, 교육현상, 학생들의 여러가지 문제 등에 적극적으로 관여하여 보다 깊게 이해하려는 교직적 경험과정이라고 할 수 있다. 그러므로 참가활동은 교육실습의 전체과정 중에서 관찰활동과 실질적인 실습활동의 중간적 단계의 활동에 속하는 것이다.

(2) 목적

참가활동은 직접적인 경험을 통하여 전체적인 교육상황을 비롯한 피교육자의 제반 행동특성을 관찰하고 이해하며, 나아가서 지역사회의 교육적 기능을 구체적으로 정확하게 파악하는 데 그 목적을 두고 있다. 다시말하면, 참가활동의 목적은 교육실습생으로 하여금 교사의 모든 활동을 직접 해보게 하여 학교 교육에 관련된 여러현상을 올바르게 이해하게 하는 것이다. 보다 구체적으로 참가활동의 목적을 제시하면 다음과 같다.

- 학교교육활동 전반에 대한 이해의 증진
- 학급경영 및 학급환경에 대한 이해
- 피교육자(학생)에 관한 제반사항에 대한 정확한 이해
- 교사의 수업활동과 학생의 학습활동에 대한 체험적 이해
- 학교교육에 대한 지역사회의 기능이해

(3) 내용

참가활동의 구체적 내용은 다음과 같이 나누어서 고찰해 볼 수 있다.

① 교사의 역할이나 활동에 관한 참가활동

- 수업설계에 관한 제반활동 - 지도안 작성을 비롯한 교재연구, 실험이나 실습의 준비, 수업매체나 학습 자료의 선택이나 제작 등
- 수업을 비롯한 학습지도의 실제적 활동
- 학생, 학부모 및 내빈 등과의 면담
- 학생회 활동의 참여 및 지도
- 교직원 회의를 비롯한 각종 회의에 참여
- 교무분장에 따른 사무처리와 학교행정에 관련되는 업무추진
- 자율학습이나 가정학습 지도, 청소감독 기타 학생들의 자율적인 활동을 지도하는 일
- 담임교사로서 학급경영에 관련되는 업무수행 - 출석부, 건강기록부, 학급경영록 등 장부의 정리, 생활기록부의 정리 및 활용, 각종검사의 실시 및 활용, 교우관계도(sociogram)의 작

성, 교실 내의 환경정비활동 등

② 교사의 보조자로서의 참가활동

- 학습자료, 교재, 교구 등을 제작하거나 정비하는 일
- 학생의 출·결석, 건강상태, 가정상황, 학습성과 등에 관련된 사항을 기록하는 일
- 학교행사나 학급행사를 돕거나 준비하는 일
- 교사를 대신하여 학생활동에 참여하는 일
- 교사를 대신하여 보충수업을 하거나 학습부진아 등을 지도하는 일

③ 지역사회의 교육적 기능에 관련되는 참가활동

- 지역사회의 정치, 경제, 사회, 문화의 실태분석 및 이해
- 학교교육에 영향을 미치는 지역사회의 요인분석 및 이해
- 지역사회에 영향을 미치는 학교교육의 내용분석
- 학교교육에 영향을 미치는 학부모 및 일반사회인의 조직 및 그 활동분석

④ 결과보고

참가활동의 결과는 일반적으로 그때 그때 지도교사에게 보고하는 것이 좋다. 보고의 형식은 별도의 보고서를 작성할 수도 있지만 실습일지에 기록하는 것으로 보고를 대신할 수도 있다. 어느 형식을 취하든 간에 보고서에는 다음의 사항들을 포함시키는 것이 바람직하다.

- 참가자 성명
- 참가대상(학급, 학교, 지역 등)
- 참가기간
- 주제
- 주요내용
- 참가의 주안점
- 필요한 자료 및 그 수집방법
- 참가상황
- 참가결과
- 참가소감

3) 수업활동

(1) 의의

교육실습에서 실습생이 수행하는 실습(practice)의 내용은 교과지도활동, 특별활동 지도, 행정적인 사무처리 등 일일이 열거할 수 없을 정도로 많지만 이들 중에서 가장 중요한 것은 교과지도활동, 특히 수업활동이다. 교육실습의 본래적 목적이 대학에서 익힌 교육이론을 학교현장에 적용해 보는 것이고, 여기 교육이론이란 주로 수업이론을 말하는 것이므로 수업활동이야말로 교육실습의 여러활동들 중에서 가장 중요하고 가치있는 활동이라고 하지 않을 수 없다. 이러한 수업활동은 지도교사의 지도아래서 이루어지는 것이므로 궁극적인 책임은 지도교사에게 있다할지라도 교육실습생이 수업이라는 주요활동의 주체요 주재자이며, 그 활동의 결과가 학생들에게 직접 영향을 미치고 교육적 효과를 가져오게하므로 수업활동은 교육실습생에게 매우 중요한 의미를 주는 동시에 그에 따르는 무거운 책임도 수반하게 하는 것이다.

(2) 목적

수업활동은 수업자로 하여금 교육의 의미를 행동적으로 경험하게 함으로써 교육기술을 습득하고 훈련하며 이를통하여 교사의 자질을 함양시키는 것을 그 주된 목적으로 하고 있다. 수업활동을 통하여 교육실습생이 얻게되는 수업기술이나 수업능력은 대체로 다음과같은 것들이다.

- 교과과정에 대한 기본적 이해
- 수업설계(교재연구, 지도안 작성, 학습 자료나 수업매체의 선정이나 제작 등) 능력의 함양
- 효과적인 수업능력의 신장
- 적절한 평가의 실시와 그 결과의 처리능력 함양
- 특별활동의 교육적의의의 이해와 적절한 지도능력 함양
- 교육자로서의 인격형성

제 2 장 인간관계 개발

1. 인간관계론

1) 인간관계의 개념

인간관계라는 용어는 사용하는 사람에 따라 그 뜻하는 바가 일정하지 않은 것 같다. 어느사람은 이것을 마치 조직에 있어서의 모든 인간문제를 해결할 수 있는 만능 특효약과 같은 것으로 기대하는 사람도 있다. 또한 그것은 이따금 아전인수격으로 인용되거나 자기에게 고맙게 해주는 사람은 인간관계가 나쁜 사람이라는 식으로 자기중심적으로 사용하는 사람도 있는한편 사교술 또는 인간처세술과 같은것으로 간주하는 사람도 있다.

사실상 인간관계라는 용어는 학자간에도 여러가지의 의미로 사용되고 있다. 그중 대표적인 것을 몇가지 추려보면 다음과 같다.

인간관계란 심리학, 사회학, 사회인류학의 종합과학적 학문으로 사기업과 공공기관을 막론하고 주로 대규모관계에 있어서의 인간문제를 다루는 과학이다.

「모톤 그로드진스」(Morton Grodzins)는 인간관계란 자기가 원하는 방향으로 행동하게끔 사람을 다루는 기술이다. 즉, 그것은 사람의 태고, 인격 및 행동의 원리원칙을 다루는 것이다. 「리디아지지 기버어손」 (Lydia G. Giberson)은 인간은 그가 사회생활을 하고 있는 한 여러가지 종류의 집단의 구성원으로서 어느 공동목표를 향하여 조직이 제정한 지위와 역할에 따라 활동하고 있다. 이와 같은 조직관계 가운데의 활동은 집단구성원간의 교환되는 「코뮤니케이션」의 관계와 성원상호간의 심리적 관계에 의하여 유지되고 있다. 그러므로 인간관계란 성원상호간의 이와같은 조직관계 「코뮤니케이션」의 관계 심리관계의 총체를 말한다.

산업조직은 기술적 조직과 인간적 조직으로 구분되며, 인간적 조직은 또다시 공식적 조직과 비공식적 조직으로 구분되는데 인간관계는 특히 비공식적 조직에 있어서 인간본래의 사회적 관계를 말한다.

이상 고찰한 바와같이 학자에 따라 강조하는 면이 다르다는 것을 알 수가 있다. 그러나 우리가 유의하여야 할 것은 원래 인간관계라는 원어에는 두가지의미 즉, 일반적 의미와 고유의 의미가 내포되어 있다는 사실이다.

일반적 의미에 있어서의 인간관계는 문자 그대로 인간 상호간의 관계 또는 상호작용의 관계를 말하는 것이며, 이러한 관계는 경영자와 종업원간의 관계일 수도 있고, 상사와 부하간의 관계일 수도 있고, 주인과 고객과의 관계일 수도 있고, 또한 동료간의 관계일 수도 있다.

그러나 고유의 의미에 있어서의 인간 관계론을 말하는 경우에는 경영조직론이나 인간 관리에 있어서 그 출발점이 되는 「인간」에 대한 독특한 연구방법을 의미하는 것이다. 이와같은 연구방법은 공동목표 달성을 위하여 조직화된 인간집단 내에 있어서 인간 상호간의 관계를 개개의 분리된 인간으로서가 아니라 전체적 상황으로 파악함으로써 상호간의 협동과 행동통일의 조화를 이룩할 수 있는 「좋은 인간관계를 수립하기 위한 인간관계관리(human Relation Management)」를 지향하는 것이다.

그리하여 이것은 조직내에서 일하는 사람들에게 인간적 만족을 충족시켜줌으로써 그들의 자발적 협동정신의 앙양과 또한 이에 따른 경영적 생산의 능률을 향상시키기 위한 것이라고 이해되어야 한다.

사실상 이와같은 연구방법이 「메이요」와 「뢰스리스버가」 교수 등에 의하여 전개되기 전까지는 노동은 매매되는 상품이며 노동자는 본래 나태한 것이기 때문에 임금이라는 자극 등, 경제적 이익만이 그들을 움직이게 할 수 있는 유일한 요소라고 간주하여 왔다. 그러나 「메이요」에 의한 「호오손」 실험의 결과 인간은 경제적 이익뿐만 아니라 심리적 동기나 사회적 요인의 영향을 받는 다면적인 존재라는 인식이 명백히 되어 이것이 인간관계적 연구방법이라고 호칭되기에 이르렀다. 이 연구는 오늘날 경제학, 경영학, 심리학, 사회심리학, 정신위생학, 문화인류학 등에 종합과학적 성격을 띄운 한가지 학문을 형성하고 있다.

그래서 여기서는 경영관계에 국한 되고 사회교육의 중요한 관건이 되는 인간간의 유기적 관계를 이룩하는데 필요한 이론을 함께 제시한다.

2) 인간관계의 중요성

인간관계의 중요성은 여러가지 측면에서 접근해 볼 수 있는데, 여기서는 인간형성, 가정건설, 인간교육, 생산성향상 및 문제점 치료라는 기능적 측면에서 설명하였다.

(1) 인간형성의 첫단계

하늘에 나는 까치는 까치떼끼리, 기러기는 기러기떼끼리, 땅에서 풀을 뜯는 소떼는 소떼들끼리…등 같은 짐승끼리 떼를지어 살아가고 있는 것을 볼 수 있다. 흔히들 이런것들을 가리켜 '무리의 본능' 이라고 한다. 여기, 인간 또한 예외는 아닌 듯 싶다. 인간도 분명히 무리속에 더불어 살아야 인간이 될 수 있다.

언제인가, 아프리카에 있었던 일로서 어떤 사정인지는 알지 못하지만, 아주 갓난애기가 밀림지대에 버려져 늑대의 가족이 되어 열 살이 가깝게 되었을 때 우연히 어느 선교사에 의해서 구출되어 사람의 생활권 속으로 옮겨와 키워졌는데, 몇해 동안을 두고 온갖방법으로 말과 행동을 가르쳐보았지만 좀처럼 늑대의 속성에서 벗어나지 못하다가 드디어 죽고 말았다는 가슴아픈 이야기가 있다. 실제로 사람의 혈통으로 태어났다 하더라도 인간관계가 없는 데에서는 인간이 될 수 없다는 것을 단적으로 말해 주고 있는 것이라 하겠다.

사람이 사람다운 성장을 한다는 것은 인간성을 지니고있는 하나의 존재가 그 본래의 모습대로 알맞게 자라고 있다는 것이다. 다시말해서 개인은 그 사람 나름대로의 독자성, 창의성, 협동성, 사회성 그리고 이성, 자유, 독립, 권리와 책임이라는 사람만이 가지는 특유한 기능을 충분히 발휘할 수 있도록 그런힘이 간직되어 있기때문에 인간은 한사람의 인격자로서 자랄 수 있는 가능성의 존재인 것이다.

갓 태어난 어린아기는 맨 먼저 어머니의 젖꼭지를 빨면서 따사로운 피부와의 접촉을 통해서 기본적인 성격이 형성되고 차츰차츰 아버지와 형제자매와의 사귐을 통하여 한걸음씩 더욱 성장되며, 다음단계에 이르러서는 친구와 이웃과의 관계를 통해서 인간을 배우고 사회에 적응해 가면서 나아가 '자아'를 성숙시켜 나가는 것이다. 이러한 일련의 사실을 현대어로 표현할 때 '관계'라고 부르며 또한 타인과의 관계없이는 자기인격을 바르게 성장시킬 수 없다는 특징을 일컬어 "인격적 상호의존성"이라고 부르며 이 두가지 사회적 존재로서의 이간의 특성이 여기서 비로소 부각되기도 한다. 그러므로 여기서 인격과 인격의 만남이 없거나 또한 상호관계가 없는 것이라면 그것은 한개인이 인간으로서 인격적으로 성장할 수 없다는 인간의 본연적 특징을 지적하는 것이다.

다시말하자면, 사람이란 반드시 다른 사람과 서로간의 인간관계의 경험을 통해서 한 인간으로서 바람직한 성장, 발달을 하게 된다는 말이다. 반대로 우리의 대인관계가 불만스럽고 비효과적인 경우 우리의 성장, 발달은 방해를 받아 그야말로 고독, 불안, 공포, 절망, 좌절에 빠지고 말 것이며, 이러한 인간관계를 갖는데 곤란을 느끼는 사람이라면 이미 그사람은 인격성장에 어떤 장애를 안고 있다고 볼 수밖에 없으며 따라서 아무런 희망이나 행복감 또는 삶의 의미조차 발견하기 어렵게 될 것이다.

인간은 원래 그 출발부터가 서로간의 의존관계에 있는 만큼 이 인격적 상호관계는 가장 중요한 요소로서 인식되어야 한다.

이처럼 우리들의 경험하게 될 여러가지 인간관계는 그 질과 양에 따라 우리는 각 사람 나름대로의 독특한 '나'(자아)가 형성 발달될 뿐만 아니라 한 개인의 독립된 건전한 인격발달에 크게 영향을 받게 될 것이다.

(2) 가정건설의 바탕

효과적이고 생산적인 인간관계는 개인의 생존과 성장, 발달뿐만 아니라 행복한 결혼과 가정생활의 유지, 건설에도 매우 중요한 역할을 한다. 특히, 오늘날처럼 고도산업사회를 지향하면서 어쩔 수 없이 전통적인 가치관이 점점 빛을 잃어가고 새로운 가치관의 혼란이 우리의 가정에까지 많은 문제점을 낳게 하여 가정불화며 이혼율 등이 날로 증가해 가고있는 실정이다. 오늘날 생산적인 인간관계의 필요성은 그 어느 때보다도 절실히 요청되는 것이다. 뿐만 아니라 가정의 여러기능 중에서 자녀들의 인격형성에 미치는 영향은 너무나 엄청나게 크다.

여기서는 가정의 기능 중 특히 부모와 자녀와의 관계에서 바람직하지 못한 것들을 지적해 봄으로써 바람직한 것들을 미루어 찾아볼 수 있기를 바란다.

다음에 열거한 것은 주로 일상생활 속에서 많이 나타나는 현상들이라 하겠다.

① 과욕 기대형

부모가 자식에게 지나친 기대를 갖는 것으로서, 부모자신이 채우지 못하고 있는 욕구나 야심을 자식이 대신 이루어 주기를 바라는 경우가 있고, 자식의 소질이나 능력을 바로 이해하지 못하고 막연하게 "훌륭한 사람이 되라!"는 식으로 졸속 출세주의에 기대를거는 부모가 너무나 많다.

② 과잉 보호형

자녀를 너무 귀여워 한 나머지 지나치게 보호하는 것으로써 조금만 춥고 더워도 지나친 걱정, 조금만 멀리 떨어져 있거나 늦게 집에 들어와도 마음을 놓지못하고, 거리에서 꼭 손을 잡아주고, 공납금을 직접 내주며, 버스표까지도 거의 사다주고, 숙제나 레포트를 거들어 준다. 이렇게 하는것이 부모의 친절한 태도라고 착각하여 자녀들의 자립정신과 자율적인 교육훈련의 기회를 전적으로 빼앗고있는 유형이다.

③ 방임형

부모가 의식적이든 무의식적이건 간에 자녀를 무시하는 일, 방임상태로 던져 놓는 것, 몰래 떼어놓고 다니는 것, 편애하는 것, 자녀의 생활영역을 지나치게 간섭하는 것, 요구에 대해서 일방적으로 부정과 금지와 꾸지람으로 일관하는 것, 약간의 잘못에 대하여 너무 심한벌과 학대와 굴욕적인 대우를 하는것들이 모두 이에 속한다.

④ 엄격형

부모의 태도가 항상 근엄하고 가치기준이나 판단이 언제나 부모 위주의 일방적인 태도에 사로잡혀 항상 명령이나 통제가 앞서며, 대수롭지 않은일에도 신경질적이거나 간섭하지 않고는 못 견디는 유형이 이에속한다. 대체로 권위주의적인 아버지들에게서 많이 볼 수 있는 유형이기도 하다.

⑤ 불일치형

아버지와 어머니의 가치기준과 태도가 서로 일치하지 않아 자주 의견대립으로 불화가 노출되거나 아버지는 과욕기대형인데 비하여 어머니는 과잉보호형인 경우 이에 속한다.

세상의 부모들이 대개의 경우 알지못하는 사이에 이와같이 바람직하지 못한 태도에 빠져있는 것을 흔히 볼 수 있다.

그렇다면 어떻게 해야 좋겠는가? 중용의 도를 취하는 것이 가장 바람직하지 않을까? 평범한 가운데 진리가 있듯이 사랑과 인간미가 있고 자녀들의 입장에서 그 심정을 이해해 주고 그들의 생각과 욕구와 행동에 대해서도 인정과 격려를 아끼지 않는 인간관계가 된다면 자녀들의 인격형성은 그리 비뚤어지지 않을 것이다.

자못 현대를 살고 있는 모든사람들은 갖가지 심한 정신적 스트레스와 노이로제에 걸려 몸부림치고 있다. 이들은 자기가 원하는 역할과 안정감, 기대치, 사랑, 친근감, 안정감, 그리고 자기존중감 등과 같은 정서적 욕구 등이 강렬한 데도 불구하고 사실은 자기불안감, 무능감, 적개감정 등의 피치못할 심리적 갈등의 악순환 때문에 심한 자기콤플렉스(complex)에 걸려 있기때문에 이와같은 욕구를 외부세계와는 격리된 따뜻하고 안정된 분위기 속에서 찾으려고 하는것은 너무도 당연하다. 그러므로 오늘날의 결혼과 가정생활의 건전한 발달을 위해서는 과거 어느때 보다도 정서적, 사회적 욕구를 충족시킬 수 있는 가족상호간의 효과적인 인간관계의 경험을 필요로 하는 것이다.

과거에는 가정이 그 가족구성원들에 대해서만 여러가지 봉사적이고 헌신적인 기능을 수행하여 왔었다. 그러나 오늘날에 와서는 그와같은 여러 가지 기능들 중에서 특히, 정서적 욕구의 충족, 애정의 충족을위한 기능만이 하나의 사회적 기관으로서의 가정의 존재의의를 갖게하는 유일한 기능으로 남게 되었다고 볼 수 있겠다.

(3) 인간교육의 첩경

효과적인 인간관계의 필요성은 학교 및 사회의 여러 교육현장에서 절실히 요청된다. 오늘날과 같이 교과목이 많고 학습내용이 다양할 뿐 아니라, 지적인면에 너무 치우쳐있는 현실을 주목하지 않을 수 없다. 거기에도 교사들은 많은수업의 양과 사무, 각종 통계처리에 정신차릴 겨를이 없고 학생들은 입시경쟁에 심한 불안과 초조, 긴장감을 감추지 못한 채 소위 '고3병'에 걸려 방황하다 보면 어느새 교사와 학생사이, 학부모와 자녀사이, 그리고 학생들간의 효과적인 인간관계가 제대로 이루어질 겨를이 없는 것이 사실이다.

그런데 교육이란, 본질적으로 하나의 사회적 과정이기 때문에 인간관계의 차원을 결코 무시할 수 없는 것이다.

교육이란, 단순한 내용의 전달이나 사실만의 획득이 아니라 다른 여러인간 존재들과 끊임없이 어울려가면서 상호작용을 통해서 여러가지 다양하게 경험해 나가는 그 무엇인 것이다.

따라서 말로는 인간교육이 이루어져야 한다고 강조하면서도, 실제로 교사는 단순한 지식적인 것만 주입하는일에 급급하고 학생들은 그것을 그저 받아들이는데 치중할 뿐 그 가운데서 인간이 어떻게 되느냐 하는 것보다 더 핵심적인 문제에 대해서는 설사 관심이 있다 하더라도 실제로는 효과적으로 손을 써 볼 겨를이 없다는 것이 솔직한 교육현장의 실상이라해도 지나친 말은 아닌 것 같다. 교과학습 외에 여러가지 행사계획도 많지만 그 출발부터 진행되는 모든과정이 학생들의 인간성을 생각하기 보다는 그 형식과 절차의 통제로 치우쳐 인간성을 억압하고 결과적으로 등위나 보상에만 집착시켜 쓸데없는 경쟁심리만 조장하는 경우가 적지 않다. 학교교육현장이 이럴진대 일반사회는 더 말할 나위도 없다. 이러한가운데 '인간소외', '인간상실'이라는 말은 실감을 느끼게 한다.

모름지기 과학이나 기술, 기업이나 돈, 이런것들은 어디까지나 인간을 위해서있는 하나의 수단적인 가치임에도 불구하고 가장 소중한 인간은 뒷전이 되거나 아주 잊어버린 채 주객이 뒤바뀌어 버리고 있다는것은 참으로 서글픈 일이 아닐 수 없다.

여기서 우리는 모든일을 생각하고 계획하고 하는데 있어서 무엇보다도 먼저 인간우선, 인간중시의 태도를 되찾아야 되겠다. 그러므로 인간의 성장을 위해서는 물론 사회적 교육의 실천에 있어서도 효과적인 인간 관계발달의 능력을 기르고, 교육전반에 걸쳐 인간을 존중하는 진정한 의미의 인간교육은 참으로 필요불가결한 필수조건이라 아니 할 수 없다.

(4) 문제점의 치료 기능

효과적인 인간관계 발달을 위한 능력은 상담과 지도 및 심리치료 분야에서도 매우 중요시되고 있다. 일선교육현장에서 교육, 지도, 상담, 이 세가지의 말은 그 개념이 다르기도 하지만 교육활동으로서의 이 세가지의 관계는 상호보완적 협력관계에 있다고 보아야 하겠다.

생활지도는 주로 교육장면이 학생전체를 대상으로 한 훈육활동이라고 본다면 카운슬링은 학생을 포함한 모든사람 중에서 구체적인 생활관계와 적응문제에 대처하도록 돕는 활동이라고 말할 수 있겠고 심리치료는 그 중에서도 '신경증'과 같은 정신장애를 다루는 활동이라고 우선 말할 수 있을지 모른다. 생활지도에서의 카운슬링은 직업적, 사회적, 개인적인 적응 면에서 그 당사자가 보다 바람직한 성장, 발달을 하도록 하는 '지도활동'이라고 말할 수 있겠다. 이런지도는 학습을 통한 지식의 함양만이 아닌 '전인적' 성숙을 가져와야 한다는 현대교육의 주요 목적을 달성하기 위한 것이다.

최근 정신의학과 심리학에서 강조되고 있는것이 개인위주에서부터 그 개인이 속한 집단이나 다른사람들과 접촉하게 되는 인간관계로 점차 그 방향이 옮겨가고 있는 경향을 볼 수 있다. 전문가의 말에 의하면 정신질환은 주로 인간관계에 대한 그릇된 경험에서 일어나는 것이며 그렇기때문에 이에대한 치료는 보다 건설적이고 치료적인 대인관계를 바로 회복하는 일을 통하여 가능 한 것이라고 말하고 있다. 또한 어떤 학자는 상담 그 자체를 일종의 인간관계로 보고 효과적인 상담은 바로 효과적인 인간관계의 원리에 입각해야 한다고 강조하기까지 한다. 그러므로 상담과 심리치료란 바로 효과적인 인간관계 원리의 특수한 적용에 불과하다는 것이다. 뿐만이 아니라 효과적인 인간관계 발달을 위한 원리와 능력은 교육적인 테두리를 넘어서, 넓게는 인종적인 문제, 세계적 종교간의 알력과 분쟁, 국제간의 오해와 감정, 기타 여러가지 인간들이 관여하는 모든 사회분야의 문제를 원만히 해결하기 위해서는 절실히 요청된다고 보지 않을 수 없다는 것이다. 이렇게 감안해 볼 때 효과적인 인간관계 발달의 능력은 카운슬링과 지도, 심리요법의 효과를 거두는데 가장 중핵적인 기능으로 말할 수 있다.

이상에서 인간관계의 중요성을 몇가지 영역으로 나누어 생각해 보았거니와 인간은 어쩔 수 없는 다른 사람들의 도움과 사랑과 이해가 필요함은 너무나 분명하다.

더구나 사회성이 높은 인간, 창조적인 인간, 자아실현의 욕구를 달성할 수 있는 인간이 되기위해서는 다른 사람과의 긴밀한 인간관계는 거의 절대적이다.

이 말은 H.S. Sullivan이 「인간은 인간관계의 산물이다」 라고 말한 것을 보더라도 그 당위적인 논리가 입증된다고 말 할 수 있다.

2) 인간관계의 기초

(1) 인간의 욕구

인간의 욕구는 자연적 환경, 사회적 환경 그리고 문화적 환경에 따라 개인과의 상호교섭을 통하여 결정되는 것이기 때문에 단적으로 총망라한 욕구를 설명하기는 매우 어려운 일이다.

사람은 각자가 서로 다르기 때문에 그 욕구 또한 다르기 마련이다. 따라서 욕구의 상이점에서 오는 각자의 목표 역시 다르게 된다.

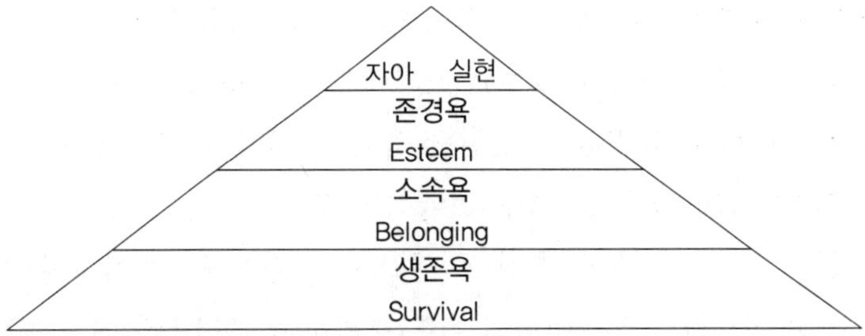

[그림2.1]인간 욕구 분류

다만, 인간이 가지는 기본적이며 공통적인 욕구는 인간관리를 연구하는 출발점이 되는 기초지식으로서 유용한 도구가 되는 것이다.

이러한 공통되는 인간욕구에 대한 연구는 많은 학자들에 의하여 연구되었으며 이를 여러가지 기준에 의하여 분류하였다. 대표적인 것으로 프로이드(Frued)는 모든인간의 행동을 성과 관련된 욕구의 발로로서 설명하였고, 애드러(Adler)는 인간행동의 욕구의 중요도에 따라 결정 분류된다고 보았다.

그러나 가장 우리에게 흥미있게 분류해 준 학자는 브렌데이스(Brandeis)대학의 미슬로(A.H.Maslow)박사이다.

그는 인간이 가지는 욕구를 5가지로 분류 표시하고 있다.

① 생존욕구(Survival Need)

인간의 생존욕구는 인간자신이 자기의 생명을 유지하려는 기본적인 욕구이다.

이것은 생리적 욕구에서부터 연우된 것으로서 인간의 행동을 근본적인 면에서 적극 지배하고 인간행동의 근원인 에너지(Energy)의 공급 원천이 된다.

그러므로 이 생존욕구는 인간이 가지는 여러욕구 가운데서도 가장 기본적 욕구가 된다. 그러나 이 욕구는 일상생활 속에서 누구나 쉽사리 충족시켜 나가고 있기때문에 일상생활속에서 긴박하게 나타나고 있지않지만, 일단 충족이 되지않으면 그 욕구는 달성하기 위한 행동은 매우 적극적이 된다.

배가 고프거나, 수면, 휴식 등 인간의 생명을 유지하기 위한 세 욕구 중 어느하나가 결여되면 이를 충족하려는 행동은 매우 격렬하게 나타나며 개인생활의 전부가 된다. 그러나 이 생리적 욕구가 한번 충족되고 나면 그 욕구는 이미 개인의 행동을 지배하지 못하고 또다른 좀 더 고차적인 욕구로 대치하게 된다.

② 안전욕구(Safety Need)

생리적 욕구가 충족되고 나면, 안전의 욕구라고 구분 지을 수 있는 새로운 욕구가 머리를 들게 한다.

정상적인 인간이라고 하면, 평소에는 안전욕구의 중요성을 거의 느끼지 못한다.

그가속한 문화와 사회는 격동이나, 병마나, 기근이나, 빈곤 같은 열악한 형태로부터 그를 보호하도록 조직되고 보장되어 있다.

순조로운 사회에서 안전에 대한 제도적인 장치는 보통 당연하게 생각된다. 안전하고 영구성 있는 직업을 우선적으로 택하려는 것이나, 돈을 은행에 예치하려는 것이나 각종 보험에 점점 관심을 기울이게 되는 것이나, 개인의 안전욕구를 보호 하려는 정부의 역할에 대한 인식이 날로 높아가는 사실로서 우리는 안전욕구에 대한 행동이 매우 적극적이고 광범위하게 전개되는 것을 볼 수 있다.

이러한 욕구를 달성하고자 노력하는 행동은 생존욕구의 미래에 대한 보장활동이라 볼 수 있으며, 인간이 조직 내에서의 안전

요구는 직업에 대한 안정, 혹은 지위에 대한 안정감, 경제적인 안전의 욕구를 현재와 미래를 위하여 계속적으로 가지게 되며 안전한 생활을 향유하려고 노력한다.

③ 소속욕구(Belongingess)

생존과 안전에 대한 욕구가 적절히 달성되면, 소속의 욕구라는 새로운 것이 나타나게 된다. 즉, 타인으로부터 자기가 인정을 받고 인간으로서의 대접을 받고 사랑을 받으려는 욕구의 차원이다.

인간은 누구나 친구나 애인을 원할 것이고, 아내와 아이들을 원할 것이다. 또한 평소에 다른사람과 친밀한 관계를 모색하며 그가속한 각종의 집단내에서 대접을 받게 되기를 간절히 희구할 것이다.

이 소속욕구에는 두가지의 주요한 욕구를 포함하고 있다.

첫째로, 개인은 무수하고 다양한 조직속에서 사랑을 얻으려고 하는 욕구이다.

두 번째의 주요한 욕구는 개인이 참여하는 사적, 공적집단을 막론하고 그 집단의 일원으로 행위할 때 타인에 의하여 자기가 인정을 받고자 하는 욕구이다. 즉 자기가 집단 내에서 사랑을 받고 싶고 그들에게서 자기가 필요한 인물이 되기를 바라는 욕구이다. 소속욕구로부터 직접 야기되는 소속감이나 인정감 같은것은 지도력을 발휘하는데 고려되어야 할 초석으로서의 중요성이 있다.

④ 존경욕구(Esteem Need)

인간의 욕구가 어느 정도로 전개되어 가면 각 욕구에 대한 구분을 짓기가 대단히 애매하여 진다.

인간의 욕구는 서로 밀접한 관계를 맺고 있으며 고차적으로 전개된다. 이렇게 고차적으로 전개된 인간의 욕구는 타인으로부터 자신의 재능이나 충실한 업무수행 능력을 높이 평가 받으려하며 나아가서 지배력이나 명성을 인정받으려 존경욕구는 두드러지게 나타나는 두가지 면이 있다고 밝혔다. 즉 타인에 의하여 자신의 신분과 사회적 위치를 높게 평가받으려는 욕구와 또 한편으로는 윤리적, 도덕적, 정신적, 종교적인 기준에 의하여 인정을 높게 받고 존경을 유지하려는 욕구이다. 개인은 이러한 존경욕구가 충족됨으로써 자존심과 자신을 갖게되며 자신의 능력에 대하여 객관적인 강력한 신념이 수립되어 나가는 것이다.

⑤ 자아실현요구(Self-Actualizing Need)

지금까지 설명한 여러가지 욕구가 대부분 충족되더라도 인간은 보다높은 수준에 도달하려는 충동을 느끼게 되며, 자신의 재능과 능력을 끊임없이 발휘하여 최고도의 희망과 이상을 실현하려고 노력한다. 인간에따라 정도의 차이는 있을지라도 개인의 궁극적 최고수준의 욕구로서, 이는 개인의 가치를 최대로 존중하고 신장하여 사회의 국가를 발전시키려는 민주주의 이념과 교육목표와도 일치되는 것이다. 즉 인간은 무슨존재가 되든 될 수 있는 것은 되어야 한다는 평범한 인간으로서 가지는 기본적 욕구이지만 결코 동일한 가치를 형성하는 것이 아니다.

(2) 욕구의 특징

마슬로(A.H.Maslow)교수가 분류한 인간의 욕구는 상술한 바와 같이 5가지의 단계로 나타나지만 이를 다섯욕구가 지니고 있는 개념상의 동질성을 고려하여 다음의 2가지 부분으로 분류할 수 있다. 즉 생존욕구는 기본적, 생리적 욕구로서 일차적 욕구이고, 나머지 4가지의 욕구는 개인적 사회적 욕구로서 이차적 욕구로 볼 수 있다. 우리는 여기서 그대로 지나쳐 버릴 수 없는 중요한 특성들을 발견할 수 있다.

① 일차적 욕구의 특징

인간이 지상에서 생존해 나가는데 있어서

- 비교적 누구나 다 욕구를 충족할 수 있으며
- 이 욕구를 충족하기 위한 행동은 다른 어떤욕구보다 그 행동면에서 대단히 적극적인 반응을 나타낸 다는 것이다.

② 이차적 욕구의 특징

개인적, 사회적 욕구는 인간의 사회에서 생활하는 환경과 그리고 거기에서받는 동기와 자극이 다르고, 각 개인이 가지고 있는 경험과 능력이 다르기 때문에

- 시대, 장소, 개인에 따라 그 욕구의 정도는 질과 양에 따라 판이하게 다르고 변화가 많으며
- 이러한 욕구는 모두 이루어질 수 없으며 궁극적인 만족을 얻기란 어렵다. 그러므로 인간의 생활이란, 끊임없이 욕구의 추구과정 속에서 이해할 수 있는 것이다.

(3) 욕구좌절과 적응기제

① 욕구좌절(Frustration)

욕구의 만족을 구하는 개인의 행동이 어떠한 방해에 부딪혀 저

지되고 혹은 중단되어서 욕구만족이 직접 실현되지 못하는 것 같은 불만족 상태를 욕구좌절이라고 한다. 욕구불만의 원인, 즉 욕구의 만족을 저지하는 장해는 욕구의 종류나 환경조건, 개인의 요구수준의 차이 등에 따라서 각양각색이지만 대체적으로 외부적인 환경에 기인하는 외적 원인과, 개인의 내적조건에 의존하는 내적원인으로 나눌 수 있다. 외적원인으로서는 자연적 조건이나 지리적, 공간적조건 여러가지 시간적 제한 혹은 물리적 장면 등을 생각할 수 있다. 그리고 풍속이나 습관, 법률, 등의 사회적 조건이 개인의 욕구실현의 장벽이 되는 경우 또는 경제적 조건 등이 그 원인이 될 수 있다.

② 적응기제(Adjustment Mechanism)

욕구불만에 당면하였을 경우 가장 좋은 반응양식은 사태의 성질을 분별한 다음에 장애의 원인을 극복하고 유효 적절히 사회적 승인도 얻을 수 있는 방법을 찾아내어 적극적으로 욕구를 만족시키는 일이다. 그러나 모든 욕구불만사태가 항상 이와같은 합리적 방법으로 해결된다고는 말할 수 없다. 오히려 문제는 이러한 합리적 해결이 좀처럼 이루어지지 않을 경우인데 그와같은경우 개체속에 쌓여져 있는 긴장은 당면 문제해결 이외의 방향으로 해소를 위한 출구를 구하려고 한다. 이러한 작용에 의하여 야기되는 여러가지 반응을 적응기제라고 한다. 즉 적응기제란 욕구가 만족되지 않을 경우 긴장이 고조로부터 오는 불쾌나 고통을 피하기 위하여 문제의 직접적 해결이외의 방법으로 심리적으로 평형상태를 회복하고 심리적 적응을 꾀하려고 하는 과정이다.

인간의 적응기제는 인간의 욕구와같이 다양한 반응을 보이고 있는 것이지만 한편 이 다양한 반응은 공통적인 행동특성으로 구분지울 수 있다. 그래서 인간관리 연구로서 이 적응기제에 대한 공통적인 반응의 이해는 중요한 의미를 가질 뿐만 아니라, 이를 적절히 지도함으로써 조직내에서 인간관계를 원만히 이룩할 수가 있는 것이다. 이러한 적응기제의 분류는 학자에 따라 다르며 동일한 기제가 다른이름으로 불리는 경우도 있지만 그 주요한 것을 들면 다음과같은 것이 있다.

- 보상 (Compensation)

보상이란, 좌절된 욕구대신 다른욕구의 대상으로 대체하는 것이다.

어머니에 대한 애정이 어머니가 돌아가신 후 누님에게 대체된 다든가, 남편에 의해서 충족되지 않았던 애정을 자녀들에게 쏟는다던가, 자식이 없는 부인이 개나 고양이를 귀여워 한다던가 한다. 이와같이 욕구불만의 결과 야기된 자신에 대한 불만, 특히 열등감이 다른행동에 의하여 대상이 되는 경우를 보상이라고 한다. 학업상의 열등을 스포츠로서 보충한다든가 키 작은 사나이가 지는 것을 싫어한다든가 등 그 반응은 매우 다양하게 나타난다. 인간의 위대한 공적들은 개인의 결점을 보상하려는 사람들에 의해서 이루어진 것이 많다. 훌륭한 지도자는 욕구좌절상태에 있는 개인들을 건전하고 효과적인 대체상태로 이끌어서 그들을 도울 수 있는것이다.

- 합리화(Rationalization)

이것은 자기의 약점이나 동기는 은폐하여 버리고 사회적으로 보다 더 유리하게 보이려는 경향을 말한다.

전쟁 때, 적의 기습이나 공격을 피하기 위하여 위장을 하는 것과같이 자기를 보호하기 위한 정신적인 위장이다. 이 위장은 자기기만의 일종이다. 어떤 불만이나 실패가 자기의 무능이나 결함 때문이었지만 자기를 기만해서 긴장을 해소하려고 한다. 회합에 초대받지 못한 사람이 그런회합은 마음에 들지 않아서 가지않는다고 말한다. 직업상의 실패는 자기의 건강이나 가정사정을 그 이유로 내세운다. 상급학교 입학시험에 낙제한 사람이 출신학교가 나빠서 떨어졌다고 한다. 교통비가 없어서 걸어다니는 사람이 건강을 위해서라고 그럴듯한 이유를 내세우는 건은 합리화이다. 그러나 합리화에 의하여 모든문제가 근본적으로 해결되지는 않는다. 이러한 합리화의 행위를 빈번히 사용하는 경우에는 타인으로부터 신뢰감을 잃어버리기 쉬우나 유효적절하게 작용하면 정신건강을 유지하는데 도움이 되기도 한다.

• 투사(projection)

자신의 결점이나 나쁜 행위의 책임을 다른사람에게 찾아냄으로써 자기의 책임을 다른사람이나 사물에 전가하는 것이다.

사회적으로 용납되지 않은 자신의 그릇된 사고방식이나 욕구를 다른사람의 사고방식이나 욕구로 돌림으로써 자기의 입장을 유리하게 밝히려는 방어기제다. 어떤 계모가 이복자식들이 자기를 증오한다고 불평하는 것은 도리어 계모가 자녀들에 대한 증오심의 투사다. 투사의 대상은 반드시 생명체에만 한정되어 있지 않다. 어린아이가 장난감 말을 타고 놀다가 떨어지면 그 말을 발길로 차고 내던지고 한다. 어린애들 뿐 만 아니라 어른들의 일상생활에서도 투사적 행동을 찾아 볼 수 있다. 테니스를 하던사람이 실수해서 공을 맞추지 못하게 되면 라케트에 구멍이나 나지않았나 싶어 뚫어지게 쳐다보는 것은 자기의 실수가 라케트 때문이라고 생각하는 투사력 행동이다. 이와같이 어떤일에 실패 하였을 때 투사함으로써 사회적 비난을 면할 수 있고 자신에 대한 평가절하를 하지않게될 뿐만 아니라 자기존중의 감정을 유지할 수 있다.

• 동일시(Identification)

이것은 자기자신을 다른 훌륭한 인물이나 또는 집단등과 동일한 것으로 느끼는 기제이다. 동일시에 의하여 자기자신 으로서는 충족할 수 없는 욕구를 다른사람의 행동에 의하여 대상적으로 만족시킬 수 있다든가 또는, 어떤집단이나 기관에 결연을 맺어 욕구를 충족시켜 나가는 행동이다.

소설이나 영화의 주인공을 자기와 동일시나, 소속집단과 혹은 선수단과 우리자신을 동일시하고 승리와 성공의 기쁨을 나누어 갖는 것 등의 동일시가 있다. 아동이 자기에게 있어서는 권위적인 부모의 지위나 부력이 마치 자신의것으로 만족을 하는것은 흔히보는 일로서 동일시는 개인의 욕구를 충족시키려는 견지에서 볼 때 동경의 대상이 되고있는 인물이나 사물에 대해서 강한인연을 맺으려 한다. 향토애 라든가 조국애와 같은 것은 집단에 대한 동일시의 표현이라고 할 수 있다. 이런경우 사회적으로 좋지못한 인물이나 집단과의 동일시는 적응상의 해로운 것이 된다. 또한 자기가 동일시하는 대상의 인물이

패배당하면, 자기도 무의식적으로 자신을 평가절하하게 될 우려가 있다.

• 퇴행(regression)

이것은 초기의 발달단계로 역행하는 것이다. 즉 아동시절에 성공한 욕구만족 방식으로 되돌아가 유치한 태도, 행동, 사고방식으로 되돌아가는 것을 말한다.

동생이 출생하였기 때문에 어머니의 애정을 충분히 받지 못하게된 아동이 어린아이처럼 어리광을 부리는 태도나 말버릇을 하게 된다든가, 떼를 쓴다든가 운다든가 하게되는 것은 퇴행이다. 성인의 경우 휴일에 동심으로 돌아가 논다든가, 결혼한 여자가 남편과 싸우고 울거나 친정집으로 간다든가 또는 노인들이 일이 순조롭게 되지 않을 때 어린아이의 행동방식으로 되돌아가는 경향이라든가, 불만에 사로잡혀 화를 낸다든가, 불평을 토로하는 유치한 반응으로 되돌아가는 것은 퇴행이다. 퇴행적 적응상태에서는 욕구도 만족시킬 수 없고 긴장도 해소되지 않는 불건전한 욕구불만의 처리방법이다.

• 억압(Repression)

이것은 사회적으로 허용될 것 같지않는 욕구나 자신으로서도 부끄럽다고 생각되는 욕구 혹은 실패나 파국이 예상될 만한 욕구를 의식에 떠오르지 않도록 눌러버리는 것이다.

억압되기쉬운 제반욕구는 공격적 경향이라든가, 성욕, 어린애다운 욕구나 불쾌한 기억 등 사회적 금제나 자기에게 있어서 수치나 고통을 초래할 만한 욕구나 경향이다. 억압의 작용은 의식적으로 이루어지는 것이 아니며 본인은 자신이 그와 같은 욕구를 지니고 있다는 것을 자각하지 못하고 있다. 그렇기 때문에 심적 평형이나 자존심이 안전하게 보유되어 있지만, 억압에 의하여 의식면에서 말살된 욕구는 소멸되는 것이 아니라 의식하에 존속하고 있으므로 과도한 억압결과 자신도 이유 모를 불안을 느낀다든가 신경병을 유발하는 수도 있다.

• 승화(Sublimation)

일종의 전위에 속하는 적응기제이다. 억압되었거나 금지된 욕망을 사회적으로 인정받을 수 있을뿐 아니라 보다 더 높이 평가될 수 있는 행동으로 위장하는 것이다.

억압된 성욕을 운동, 예술 활동 등으로 대치시킨다든가 결혼에 실패한 여자가 간호원이 된다는 것은 등은 승화이다. 그렇다고 인간문화 전부가 단순한 승화의 부산물이라고는 물론 볼 수 없다. 승화는 억압되거나 금지된 욕망이 유리하게 작용해서 나타나는 한 방법임에는 틀림없다. 즉, 조기 아동기에 있어서 부모에 대한 성욕이 유희나 산보 등으로 승화되고 애기를 낳으려는 욕망은 그림을 그리거나 조각하는 것으로 승화되거나 부모가 되는것 등이 승화이다.

• 공상(Faimtasy)

자기가 뜻하는 직업에 있어서의 성공, 금전이나 재산소유에 대한 욕망 성적만족 지적인 우월성 등을 이루지 못했을 때 생기는 적응기제다.

사회적으로 지위를 얻고싶어 하는 사람이 그 뜻이 이뤄지지

않을 때에는 공상속에서 국제무대에 진출해 보는것도 공상이다. 사람은 어떤일에 적응할 수 없게 되거나, 어떤 난관을 극복하기가 어려울 때에는 공상을 하게된다. 현실의 외계에서 한 걸음 물러나서 그 곤란한 적응을 자기 자신의 세계에 끌어들이고 만다. 그러면 그 곤란을 용이하게 극복할 수 있게 된다. 이때 본인자신이 진정한 의미의 해결방법이 아님은 충분히 안다. 그러나 일시적이나마 불쾌한 현실에서 벗어나는 적응적 가치는 있다. 또 불쾌한 현실을 지탱해내는 인내심을 길러 주기도 한다. 공상이 공상으로서 그치지 아니하고 실제생활에 도움을 주기도한다.

2. 인간관계 교육

1) 철학적 근거

인간관계 교육을 위한 집단 경험학습방법을 도입한 배후에는 미국의 근대사상적 지주의 하나인 실용주의의 철학이라 할 수 있다. 이는 개인과 사회적 조직체 및 모든기관이 보다 바람직한 변화와 개혁을 가져오는 데는 행동중심적인 관점에 의존하고 있음을 지적하고 있다. 그런데, 이러한 사상은 대부분 존·듀이(John Dewey)의 철학적 사상이 뒷받침되고 있다. 듀이의 교육철학은 형이상학적인 문제에 초점을 두는것이 아니라 현실적인 우리삶의 현장에 대한 관찰의 결과에 근거를 두고 있다. 인간관계 교육에서는 듀이의 사고와 행동, 의미와 활동, 이론과 실제를 연결시키는 사상을 적용하였다. 이와같은 이론은 두유이의 신조라고 할 수 있다. 이른바, 생각을 바르게 발전시킬 수 있으며, 인간의 자기지배 또는 자기통제의 방법을 발전시킬 수 있는 인간의 능력 및 가능성에 대한 신념에 의해서 수립되었다고 말할 수 있다. 듀이의 사상에 의하면, 교육적인 과제나 철학적과제, 그리고 사회적 및 정치적인 과제는 서로 밀접하게 상호관련되어 있다는 것이다. 그러므로 민주주의란 단순한 지배의 형식이 아니라고 보는것이 듀이의 신념이다. 즉, 민주주의란 모든사람에게 널리 보급되어야 할 대인상호관계의 성격을 특징지어 준다고 말했다.

듀이의 두가지 결론적인 이론은 다음과 같다.

그 하나는 무엇보다도 모든환경과 상황에 알맞게 적용될 수 있는 민주적인 제도가 마련되어야만 인간은 보다 적극적이고 능동적인 가능성이 실현될 수 있다는 것이다. 그리고 학습이란 모든 일에 관심과 목적을 함께 나눌 수 있을때 가장 효과적인 결과를 거둘 수 있다는 것이다. 이러한 원리를 학습현장에서 실현시키는 교육자란 학습을위한 보다 효과적인 여건을 마련하는 사람이라고 말할 수 있을 것이다. 이런 의미에서 인간관계 교육에서의 지도자란 이 교육경험에 직접 참여하면 학습을 위한 여러가지 보다 좋은 조건들을 만들도록 돕는 일이 대단히 중요하다는 점을 역설하고 있다.

다음으로 인간존재의 사회적인 성격을 탐구한 실존주의 철학자 마틴 부버는 집단생활 안에서 의미탐구의 뿌리가 되는 바 존재에대한 대인관계 철학을 설명하였다. 부버의 "공존(being-with)"이란 개념은 "모든 참 삶은 만남이다" 즉, "인간의 존재는 공동체 안에서만 있을 수 있으며 사람과 사람사이에서만 있을 수 있다"

고 말한다. 부버의 철학의 핵심은 관계이다. 만일 인간존재의 근본적인 사실이 "인간과 함께있는 인간"이라면 "대화"가 곧 "함께" 하도록 만들어주며 대화가 만남의 장소를 나타내 보여주는데 이 대화를 통해서 인간들이 끊임없이 접촉하고 관계하게 된다.

여기 교육적 측면에서 생각해본다면 교육은 학습자와 교육자와의 밀접한 상호작용에서 가능하다. 즉, "너와 나, 나의 너"라고 하는 상호작용이라고 말한다. 온전히 "교육자의 학습자, 학습자의 교육자"라는 관계에서 교육은 이루어진다. 오늘날 아무리 교육의 기술, 교육하는 기계와 자료들이 많이 발명, 제작되었다하더라도 그것에게 교육의 전부를 맡길 수는 없다. 발명된 기계가 「나의 기계」는 될 수 있어도 「기계의 나」는 될 수 없기 때문이다. 교육은 바로 인간형성과 직결되는 까닭이다. 교육은 인간형성 과정에서 외형적인것만 아니라 내적으로부터의 각성도 대단히 중요한 의미를 가지고 있다. 인간이 다만 물질적으로만 존재하는 것이 아니라 영적으로도 존재하는 까닭이다. 영혼이란 말은 다분히 앞서 죤·듀우이가 말한 경험이나 실험이전의 존재란 뜻이다.

요즈음 교육철학에서도 옛날과 같이 「만든다」, 「기른다」하는 교육개념을 지양하고 「만남의 교육」이라는것을 강조하기에 이르렀다. 단순한 지식수준의 교환만이 아니라, 삶의 나눔, 인간적인 요소, 바로 인격을 나누는 것이 만남의 교육과정이라고 생각한다. 인간전체의 성숙을 위해서 「너와 나」와의 참된 만남이 있어야 한다. 부버는 사람들이 대화하도록 진정한 '만남의 기회'를 갖도록 하는것이 가장 어렵다는 점을 강조하고 있다. 부버는 설명하기를 우리는 사람을 대할 때에 하나의 온전한 인격으로 대하지 못하기 때문에 정직하게 사람과의 올바른 관계를 맺을 수가 없다는 것이다. 우리는 우리의 가치관이나 태도가 '참(진리)'에 대한 순수한 관계로부터 출발하는것이 아니라, 우리가 소속하고 있는 집단의 사회적 분위기와 태도 등에서 생긴다는 사실을 잊어서는 안 된다.

위에서 지적 존 듀이와 부버의 교육철학을 바탕으로 미루어 생각해 볼 때 이 인간관계 교육운동의 발전 배경에는 역시 미국 사회의 사회적 관심을 반영시켜주며 현실적으로 꼭 극복해야 할 문제점을 보고 깨닫게 해주는 좋은방법들을 보여주고 있다고 말할 수 있겠다. 그 중의 몇가지는 교육철학으로서 음미해 볼만한 가치가 있는 것이다.

① 문제점에 대한 과학적인 접근, 즉 관련된 모든 요인들(사회적, 기술적, 감정적인 면 등)을 파악, 분석, 종합, 검토한다. 그리고 모든데이터를, 객관적으로 취급한다는 점.

② 모든면에 민주적인 과정을 보다 중요시 하고 수행하는 일.

③ 서로돕는 협력관계를 계속 발전시켜 나가기 위한 관심.

④ 우리 사회가 보다 안정되고 완전해질 수 있다는 신념 등을 들 수 있다.

2) 이론적 배경

현대가 점차 고도산업사회를 발전해 감에따라 사회의 모든 분야가 전문화, 분업화, 다양화되고 각자 자기직업에 필요한 지식과 기술 그 밖에 여러가지 정보들을 빠른 시간안에 끊임없이 얻어내야 한다는 의미에서 우리사회도 이미 평생교육 혹은 생애교육이라는 말까지 생기게 되었다. 이와같은 필요에 따라 여러 가지 종류의 강습회, 연구회, 협의회, 세미나 등 온갖 재교육의 기회가

활발해지고 있다.

그런데 그런것들이 지식의 전달이나 정보의 교환 또는 행정적 지시, 정신적 교양면에는 다소의 도움이 될 수 있을런지는 모르지만 근본적으로 「사람됨」의 인견적인 변용을 가져오기에는 너무도 미흡하다. 아니 거의 기대하기 어려운 일이아닌가 생각된다. 그러므로 위에서 말한 인격의 변용을 전달이나 교환의 수단으로 가능하다고 볼 수 없고 그보다는 사람이 서로간의 관계속에서 스스로 느끼고 깨닫고하는 가운데에서 자기가 자기를 변혁시켜 나갈 수 있는 것이라는 전제도 상호실험에 의한 자기계발이라는 방법을 시도해 보자는데서 경험학습을 통한 인간관계교육이 등장하게 된 것이다. 그 이론적 배경의 개략만이라도 살펴보고자 한다.

(1) 인간관계 교육의 시작

케네드 베네(Kenneth D. Benne)에 의하면 인간관계교육의 첫 모임은 1946년 여름 코네티컷(Connecticut)주에서 개최되었던 연구집회에서 시작되었다고 말한다. 이 모임은 최초의 정부가 지원해주는 프로그램에 참여하는 회원들의 리더쉽을 발전시키는 것이 그 목적이었다.

이 모임을 지도하는 사람들은 중부유럽으로부터 건너와 게쉬탈트(Gestalt) 심리학자로 잘 알려줬고 미국의 심리학계의 거장이라고 할 수 있는 쿠르트 레빈 교수를 중심으로 케네드 베네, 렐란드 브레드포드, 그리고 로날드 라피트 등이 있다. 초기에는 10명씩으로 구성된 여러 소집단모임에서 회원들이 일하는 중에 생기는 문제들에 대한 분석에 초점을 두었다. 지도자들의 지체평가 모임 때마다 각 소집단에 대한 여러가지 논의가 있었으며 이 지도자들의 모임에는 소집단 중에 그 대표되는 몇 사람이 참석하였다. 그들은 지도자들의 개입과 회원상호간의 작용으로 인하여 회원들이 심리적으로 많은 영향을 받았다는 사실을 알려 주었다.

이와같은 회원들의 지적에따라 지도자들은 사전에 의도하지 않고 무심코 행한 모임의 활동을 통해서 학습이 이루어질 수 있게 하는 강력한 수단을 발견하게 되었다. 그 후부터 리더십 연구에 대한 가장 중요한 정보의 자원을 대인간의 상호작용 안에서 생기는 「지금·여기」라는 학습의 장에 초점을 맞추도록 결정했다. 이것이 곧 인간관계 교육이 시작되는 계기가 되었다.

(2) 경험학습의 개요

인간관계 교육으로서의 경험학습은 앞서 인간관계 교육의 창시자인 K. Lewin에 의해서 시작되었다. 그는 미국에서 집단역학의 기초적 연구와 그 원리에 따른 사회적 실험적인 행동연구에 몰입했다. 그는 의욕적인 연구활동을 통해서 자주적이고 협동적인 창조성개발 이외의 잡단학습방법을 발견한 후 인간관계의 실험실훈련 또는 감수성훈련 혹은 T-Group이라는 집단훈련의 방법을 고안하고 그것을 실험적으로 이행하기에 이르렀다.

① 실험실법(Laboratory Method)

이는 1947년 미국의 메인주 베델에서 전민국교육협회에 속하는 NTL(National Training Laboratories Institute for Applied Behavioral Science) 주최에서 비롯되었다. 이들 집단훈련의 실험방법은 종전의 집단형태가 주로

- 심리치료적인 입장에서 활용되었던 것에 비하여 교육적인

훈련이라는 면에 강조점을 두고 있으며
- 주로 집단적으로 실행되며
- 지적 학습이기 보다는 정의적 체험학습이며
- 의지적이며 행동화를 중시하고 있다는 점에 그 특징을 찾아 볼 수 있다.

무려 4반세기를 거치는동안 이 움직임은 갖가지 형태로 발전되어 가고있는데 그 흐름의 공통적인 주된내용은 보다깊은 '인간탐구', '인간공부'에 대한 체험학습이라는 점이다. 즉, 이것은 본질적으로 건강한 사람의 입장에서, 그리고 참가자가 각기 자기 나름대로의 입장에서 보다 높은수준의 자아실현과 대인관계능력의 향상발전을 도모함을 목적으로 삼고있는 것이다.

따라서 여기에는 여러종류의 심리학자, 교육학자, 인류학자, 의사, 교사 등 모든영역의 전문가가 저마다의 독특한 입장에서 이 흐름에 공헌하고 있으며 산업계의 경향관리직을 위한 연수에 가장 많이 활용되고 있고 점차로 대학 및 중·고교 교사, 학생 일반인들의 참가가 늘어남으로써 사회교육의 형태로서 폭발적인 발전을 하고있다. 이들은 미국의 경우 3주간, 2주간씩의 숙박으로 되는 것이 오늘날은 대개 1주간 숙박형태를 많이 취하고 있으나 주말을 이용한 2박3일, 1박 2일의 경우도 시도되고 있다. 지금 미국에서 실시되고있는 이들형태는 T-Group중심 실험실법, 서부 Esalen Institute를 중심으로 한 칼 로저스파의 엔카운티 그룹(Encounter Group, 1970~)형태, 기타 각종 감수성 훈련, 마라톤 그룹, 감각적 의식증진의 그룹, 인간관계 연수 등으로 조금씩 그 형태를 달리해가며 발전하고 있다. 이들이 현재 실시하고 있는 연구소는 1970년 현재 약 87개소로 집계되고 있다. 이들 모든 그룹은 그들이 학습하고자하는 목적과 성취하고자하는 변화성장의 수준, 리더의 각기 다른역할 및 테크닉 등의 차이로 각기 다른 형태로 발전하고 있거니와 대체적으로 볼 때 개인으로 하여금 보다 만족할만한 대인관계의 패턴을 발전시키며 자신과 타인에게 보다 민감해지고 타인에 대한 그들자신의 영향 등을 명확히 의식하고자 하는 데 초점을 갖는다. 여기 여러가지 훈련집단 중에 가장 대표적인 것이 T-Group이라 할수 있는 데 다음에 간단히 소개하고자 한다.

이는 인간관계 또는 민감성의 훈련 등, 참가자 자신 또는 그 집단 자체를 실험에 제공하는 것으로써 학습을 시도해 보려는 것이다. 이 방법을 보통 1주일 안팎의 기간을 되도록 사람의 흔적이 뜸한 곳을 택하여 거기서 숙박을 같이하면서 수련과 더불어 생활을 같이하고 그 진행형태는 반드시 일정하지는 않지만 보통 90분 정도의 모임을 기간 중 몇번이고 되풀이하게 되는 T-Group경험이다.

이 T-Group이란 것이 앞에서 말한바 그 그룹에 현재 일어나고 있는 여러가지 인간적인 사상과 그에 참가하고 있는 멤버자신을 교재로 삼아서 연구하고 학습하고 터득하여 가는 집단이다. 여기 T-Group은 일반적인 모습의 강습회나 연수 또는 훈련 등의 수강자를 수동적으로 따라오게 만들고 지식이나 정보획득에 치우치는 경향이 짙은데 반하여 이것은 어디까지나 지식적인 것이기 보다는 태도적인 것이기 때문에 그에대하여 안다고 하는 것만으로는 소용이없고 실제로 행동할 수 있어야 한다는 것이 중요하다. 그러므로 T-Group에서 하려는것이 어디까지나 체험적인 집단경험학습이라는 특징이 있다. 아래에 경험학습이 갖고있는 하위목표와 그 궁극적인 상위목표를 나누어 생각해 보고자 한다.

(나) 경험학습의 하위목표

경험학습의 학습목표는 앞에서 언급한 바와같이 크게 둘로 나눌 수 있다.

하나는 개인적인 학습수준에서 상호의사소통을 통한 대인능력이며 또 하나는 자신이나 멤버가 속한 집단이나 조직의 변화라고 할 수 있으나, 그 목표하는 바 세부적내용은 리더나 멤버의 구성에 따라 다르지만 자세히 분석하여 본다면 다음과 같다.

① 자기 : 참가자 자신에 대항 갖고 있는 '이미지'가 집단내에서 행해지는 자신의 행동거지에 대하여 오해받고 있거나 잘못 비추어졌을 때 그것을 고쳐서 진정한 자기를 발견하게 되고 타인이 자기를 어떻게 보고있는가 등을 배운다. 그리고 자기가 타인에게 어떻게 영향을 끼치고 있는가에 대해서도 이해한다.

② 타인 : 다른사람이 집단안에서 어떻게 행동하고 있는가에 대하여 관찰하고, 그것들이 다른사람에게 어떻게 받아들여지고 있는가에 대하여 그 정도와 깊이를 이해한다.

③ 집단 : 집단은 어떻게 움직이고 있는가, 또 집단을 움직이고있는 힘은 어떤것인가, 조직체나 보다 더 큰 사회집단이 어떻게 움직이고 있는가에 대해서 학습한다.

④ 학습과정 : 자기자신이 지금 여기에서 경험하고 있는 이들을 토대로 하여 어떻게 배워가는가를 배운다. 즉, 자기(인간)와집단, 조직에 대한 학습과 학습방법에 대한 학습을 들고 있다.

한편 실험실적 경험학습에서 일어나고있는 개인에 대한 학습양상에는 "죠 해리의 창" 또는 이또오 히로시의 "4개의 마음"이라는 것이 있는데, 이 두가지는 꼭 같은 뜻을 가진 것으로 우리마음을 4가지로 분류하면서 다음과같이 설명하고 있다.

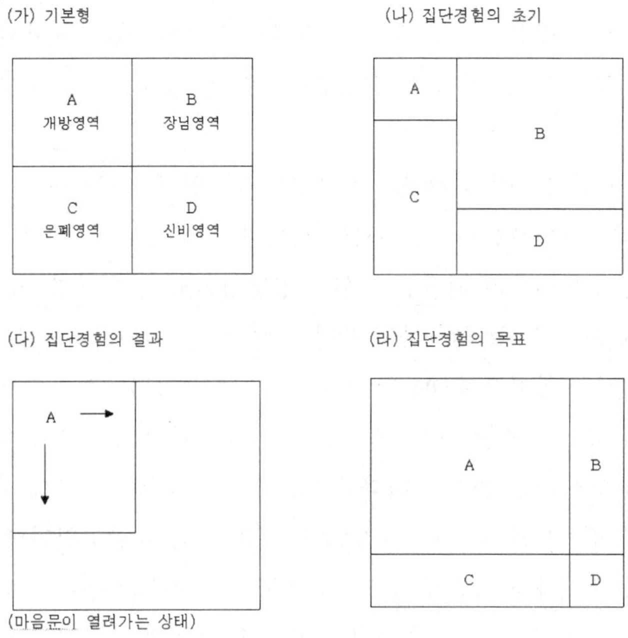

[그림2.2] 4개의 마음

① 다음 그림 중 (가)는 4가지마음을 분류할 가장 기본적인 것이다. (A)부분의 마음은 너도알고, 나도아는 개방영역이며 자기나 타인에게 모두 자연스럽게 알려져 있다.

② (나)부분은 마음의 다른면으로서 나는 모르지만 다른사람은 나를 아는 면이다. 이 면은 자기가 자기를 볼 수 없는 영역이므로 장님영역이라 할 수 있겠다.

③ (다)부분은 자기는 알고 있으나, 다른사람은 비밀로 하고 있는 면, 즉 남에게는 숨겨진 곳이므로 은폐영역이라 한다. 예를 들면 행동의 자기합리화, 동일화, 보상, 투사 등의 방위기제로서 도피하거나 은폐하는 면이다.

④ (라)부분은 자기도 모르고, 타인도 모르는 마음으로서 무의식의 영역, 미지의 영역 또는 신비의 영역이기도 하다.

이상과같이 모든 인간관계를 단순화 해보면 위에서 설명한 4개의 마음은 누구나 다 갖게 되는 것이다.

여기 경험학습의 과정을 통해서 장님영역(B)과 은폐영역(C)이 서로 교류할 수 있도록 하여 개방영역(A)에 포함되도록 하고 더 나아가서는 신비영역(D)도 B 또는 C영역에 포함되어져 드디어는 개방영역(A)에 포함되어질 수 있도록 한다. 이 프로그램의 여러 과제를 진행하는 동안에 대화하고 느끼고 체험하는 가운데 나는 타인의 도움으로 나 자신을 알게되고 또 나만이 알고있던 은폐영역을 개방해 줌으로써 서로의 관계는 깊어짐을 체험할 수 있을 것이다. 결국은 이 경험학습을 통해서 타인을 받아들이기 위한 수용태세와 나를 타인에게 개방하는 자세가 중요하다고 요약할 수 있다.

이러한 개인적 학습의과정은 카운슬링의 과정과 같은 것이며 그것은 카운슬링에 있어서 클라이언트의 내면에 일어나는 '건설적인 인성의 변화'와 같은 것이라 할 수 있다. 그런데 이와같은 학습목표의 배후에는 보다 높은 차원의 상위목표가 있다고 본다.

3) 경험학습의 상위목표(궁극적 목표 - 그 가치)

본 경험학습이 현실사회에 있어서 어떠한 의미와 가치를 부여할 수 있는가하는 문제는 매우 중요하다. 그것은 경험학습을 통하여 보다 효과적인 인간관계 내지 성숙한 인간의 상을 목표하거니와 그 안에 곁들여야 할 극히 중요한 상위목표를 들어본다면 다음과 같다.

그 하나는 민주성에 관련하는 일련의 정신, 즉 건전한 민주적 사회건설을 위해서 어떻게 큰 영향을 끼칠것인가 하는 문제요, 또 다른하나는 과학적 탐구정신의 가치라고 하겠다.

왜냐하면 경험학습을 통한 T집단은 필연적으로 우리들의 인습적인 사고방식이나 선입관, 오랜 고정관념 등에 의존하기 보다는 눈앞에 펼쳐져 있는 생생한 현실적 사실을 그대로 받아들여 냉철하게 검토하고, 개선발전하는 것으로서 학습의 본령을 삼고 있기 때문이다. 앞서말한 두가지의 상위목표는 경험학습의 과정 속에 깊이 흐르고있는 이상이기도 하다. 그런데 그것이 때로는 방해되거나 무시되기도 하나, 결과적으로는 참가자가 말없는 가운데 또는 무의식중에 동화하는 학습들이다.

여기 밑바탕에 흐르고있는 정신은 경험학습의 장의 분위기에 영향을 미칠뿐 아니라 경험학습의 결과에 영향을 미치고 그리하여 결과적으로 추구하고자 하는 상위목표 달성에 이르게 되는 것이다.

이 정신들을 여러가지 프로그램을 통하여 직접 실습하면서 결국은 습득하게되는 목표로서 우리의 '인간됨'의 교육이 달성하고자 하는 인간본질의 실현화현상이라 하겠다.

좀 더 구체적으로 다음과같이 분류 할 수 있겠다.

(1) 민주성에 관한 일련의 목표

① 협력, 협동, 공동체의식

대인관계에 있어서 과거의 전통적인 권위주의 또는 열등의식, 공격심, 편협된 생각에서 벗어나 마음의 문을 활짝열고 참가자 전원이 일체감을 가지고 보다 적극적인 참여와 몰입, 자기통제가 격려된다.

리더와 멤버, 또는 맴버상호간은 인간적인 신뢰에 바탕하여 그 학습과정에 있어 서로 의존적인 관계에서 힘을 모으고 실천적인 행동을 해간다.

② 자주, 자율의정신

프로그램에 참가하는 집단구성원들은 누가 무엇을 가르치고 이끄는것이 아니라 모두가 함께 스스로 참여하여 활동하고, 느낌을 말하고, 종합하는 과정에서 자율적으로 학습해 간다. 자신들의 문제를 그들자신이 해결해 나가야하며 그들자신 및 서로간의 합의에 의한 자율로서 그들의 사회를 건설하고 그리고 학습을 창조해 나간다.

③ 합의적인 방법을 통한 갈등 해소

정서적인 장애 및 여러가지 불만과 갈등이 존재한다면 그것들을 억지로 없는것처럼 부인하거나 억눌러 버리거나 적당히 타협해버리는 태도를 취하지 않고, 있는그대로 분명히 깨달아지고 그것과 맞부딪힘이 있어야 되겠다.

④ 윤리문제와 책임의식

과거 낡은 인습이나, 전통, 습관, 생활양식에 얽매인 것, 심리적으로 강요당하는 규율성을 의미하는 것이 아니라 진정한 민주 공동사회의 일원으로서 자기와 더불어 타인을 배려하고 그것의 작용을 몸으로 겪어가면서 인식하고 습득하는 정신이라 하겠다.

(2) 과학적 정신의 가치

① 탐구적 정신 및 창의성개발(탐구하려는 태도의 습득)경험학습에 있어서도 그안에서 일어나고 경험되는 모든행동은 모두 질문 거리가 되거나 연구조사의 대상이 된다.

자기나름대로의 생각과 감정 그리고 여러가지 행동 등을 경험하면서 현실검증의 실험을 겪어 봄으로써 가능한 스스로의 잘못을 솔직히 인정하거나 또는 바른태도에 대한 존중의식과 더불어 '참'과 새 아이디어를 몸소 겪어봄으로써 터득하게 된다. 그리고 집단 속에서 움직이는 현실을 있는 그대로 바로보고 멤버의 선입견이나 고정관념 또는 거기에서 생기는 잘못된 판단 등이 현실적으로 바르게 탐구된다. 적절한 행동에 대한 기준이나 규범, 은근한 기대의 면에서 모호함이나 애매함, 그리고 어지럽게 혼돈으로 가득 찬 상태 속에서 팽창되는 의식과 선택의 경험을 한다.

② 생애성장의 안목과 의욕습득

자기자신과 타인 그리고 집단과정에 대한 내적, 외적변동과 움직임에 관하여 민감해짐으로써 '인간됨'의 성장, 성숙을 향한 자기성찰의 안목과 의욕이 증진되게 한다. 또한 이들의 추구상태는 진실성을 기반으로하며 폐쇄성을 극복한 의사소통을 발전시킨다. 이 진실성의 가치는 개인으로 하여금 자기자신이 되도록 하고 내적으로는 자기자신과 밖으로는 타인을 향해서 대화하는 것을 이룩해 간다.

4) 경험학습을 위한 필수조건

경험학습의 궁극적인 목표를 효과적으로 추진시키기 위한 근본적인 조건들(학습과정의 초점)을 들어보면 다음과 같다.

(1) '지금 여기'의 초점

이것은 경험학습을 위한 가장 주된 특성이며 돕는자와 멤버와의 계약의 초점이기도 하다. 집단의 멤버가 자기가 속해있는 집단속에서 보고, 듣고, 말하고, 느끼고, 행동하면서 직접경험하고 있는 그 현장이 바로 유력한 학습의 교재가 된다는 것이다. 그 경험들은 어느 한사람만의 것이아닌 그 집단 모두의 것이되었고 즉각적, 집적적이며 개념화되기 전의 것이며 공공연한 것으로 가장 공통적 제재가 된다.

보통 전통적인 종래의 학습방법은 '그때 그곳'에서의 것, 즉 과거의 것을 중심으로 하며 그것은 이미 지나가 버린것이며 참가자들에 의해 경험되지도 않는것이고 따라서 항상 개념적인 학습으로 끝나기가 일수이다. 흔히 사례연구같은 방법의 극히 제한된 가치를 알 수 있게 된다.

(2) 피이드백이라는 초점

이는 Kurt Lewin의 사회학습에서의 성취향상을 위해 효과적인 자료를 제공하는 역할에서부터 기인되고 있는것이라 하겠다. 경험학습에 있어서의 집단멤버사이에 의사소통이 바로 되었는가의 여부, 자기가 말하고 행동하는 일에대한 다른사람으로 부터의 반응 등을 살펴봄으로써 '현실검증'이라는 작용을 하게된다. 그래서 개개의 멤버와 집단 현실이 보다 정확화 되어진다.

원래 '피이드백' 이라는 용어는 전자공학에서 비롯되었다고 하며 군대에서 포격조준에 쓰인 말이라 하는데 그 뜻인즉 최초의 포격수가 원하는 목표에 어느정도, 어떤상태로 어긋났는가 하는 메시지(신호)를 받아서 정확하게 맞추고자 하는 일이라 할 수 있다. 우리들의 학습은 부단히 현실에 대한 확인 또는 부인을 필요로 하므로 피이드백은 모든진실에 접근하기 위한 기능이라고도 할 수 있다.

① feed back은 「지금, 여기에서」의 경험에서 일컬어지는 자료에 기초를 두어야 한다. 이는 경험학습이 정신치료나 전통적인 과거의 교과학습과는 구별되기위한 매우중요한 경계점이 되기도 하다.

② feed back은 될 수 있는 대로 경험학습이나 행동이 일어난 바로직후에 하는것이 효과적이며 구체적으로 관찰이 가능한 행동이나 공공연한 경험에 기반을 둔 자료들이어야 한다. feedback은 현실을 확인하고 계속적으로 그 정확성을 점검해가는 과제중의 하나로 진리, 진실에 도달하기 위한 중요한 초점으로 간주된다.

(3) 해빙(unfreezing)

새로운 학습을 경험하기 전 또는 새로운 학습이 일어나기 위해서는 지금까지 사용해오던 기술이나 방법 등이 결코 적당한 것이 못된다는 것을 알게되어 기성관념이나 가치관, 관습적인 행동 등이 무너지거나 흔들리는 시기가 있어야 한다는 것이다. 이는 Lewin의 변화이론에서 따온 말로서 여기에서는 소위 학습하고자 하는 욕망을 불러일으키는 데 일어지는 복잡한 과정으로서 지금까지의 자기생각 또는 감정과는

① 대조되거나 대비되는 사상
② 생활의 애매모호함 속에서 오는 갖가지상태에 대한 불확실성, 불협화 등으로 심적인 갈등을 일으켜 낡은사고체계가 무너지고 새로운 창조의과정이 시작되는 것을 말한다.

(4) 심리적 안정감

해빙의 과정 속에서 멤버들이 어떤불안과 위협의 감정에 이끌리지않고 새로운 학습이 생겨나고 그것을 터득해 갈 수 있기위해서는 집단에는 최대한의 심리적 안정이 이룩되어져야 한다. 즉 보다 바람직하고 창조적인 경험학습이 이루어지기 위해서는 누구에게서도 위협이나 공격, 혐오나 평가 등을 받을 두려움이 없이 새로운 아이디어가 제시될 수 있고 시행착오나 실패까지도 마음놓고 경험해 볼 수 있는 '자유와 안전의 분위기'가 보장되어야 한다는 것이다.

(5) 관찰적 참가

참가자가 학습하지 않으면 안되는 하나의 중요한 태도는 참가자가 집단속에서 성공적인 학습을 하기위해서는 집단의 움직임에 깊이 '참여'하면서 또한 그 과정을 주의깊게 '관찰'할 수 있어

야 하는데, 이것은 결코 쉬운일이 아니다. 즉, 자기만이 배우겠다는 소극적인 태도로 임할것이 아니라 과정에서 적극적으로 참여하면서 예민하게 자기자신과 타인 그리고 집단의 흐름을 주의 깊이 관찰한다는 노력이 꼭 있어야 되겠다.

5) 경험학습의 탐구태도

T-그룹의 학습자는 다음과같은 태도가 길러져야 한다고 생각이 된다.

① 자기생각이나 감정을 아주 솔직하게 표명하여야 한다.

② 함께 참가하고있는 다른회원의 표현을 적극적으로 이해하도록 노력해야 한다.

③ '지금 여기서' 일어나고 있는 대인적인 사항에 학습의 초점을 맞추도록 해야 한다.

④ 사러'피이드백'을 구하거나 또는 제공하는 일에 적극성을 띠어야 한다.

(1) T-그룹에서의 인격적 변용 과정

① 심성이 바뀌어가는 모습(단계적인 변용과정)

T-그룹에 참가한 멤버들이 대체적으로 어떠한 모습으로 달라져 가는가를 대략이라도 살펴보기로 한다.

제 1단계 : 자기생각에 집착하기 쉽다.

처음 참가자들은 다른사람의 말에 귀를 기울이려 하지 않는다. 거의 모든 사람들이 스쳐가는 말만 나눌 뿐이다. 진짜 자기자신의 문제나 현재 자기감정을 억누르고 극히 외면적이며 외부적인 이만 서로 주고받으면서 자신생각에만 고집하기 쉽다.

제 2단계 : 무자각 상태에 빠지기 쉽다.

자기감정의 움직임이 동작이나 표정속에 나타나지만 자기자신이 그것을 느끼지 못하며 말로도 표현하지 않는다. 자기자신이 앞뒤가 맞지않는 모순적인것을 말하면서도 그 모순점을 스스로 깨닫지 못한다. 혹, 자기 자신의 일을 말하기도 하지만 그것은 이미 지난과거의 일로 말하면서 현재의 자신을 거의 깨닫지 못한다.

제 3단계 : 수정궤도에 들어가기 시작한다.

자기자신의 지금까지의 선입관이나 편견이 몹시 강한 것이기는 하나 그것이 조금씩 깨닫고 그것을 수정하기도 한다. 자기의 말이나 생각에 모순이 있는 것을 깨닫고 행동에 대한 망설임과 당황하는 모습이 드러나면서 방향수정을 하려드는 것을 볼 수 있다.

제 4단계 : 조심성 있게 감정표현을 하기 시작한다.

자기의 지금 순간의 감정을 표현하기도 하는데 그 표현을 두려워하는 것을 알 수 있다. 그러나 자기의 현재의 느낌이나 감정의 움직임이 뚜렷이 나타나기 시작한다. 자기의 선입관이나 편견을 스스로 무너뜨리면서 스스로 검토하고 수정하는 경향도 보인다.

제 5단계 : 감정을 자유롭게 표현한다.

현실적인 자기감정을 소중히하는 마음의 눈이 뜨인다. 그리고 자기내심의 소리에 귀를 기울이며 다른사람의 발언이나 감정에도 마음을 기울여 볼 수 있는 여유가 생긴다. 자기자신과 다른 사람의 선입관을 자기자신이 자유롭게 검토한다.

제 6단계 : 감정이 순간적으로 유동한다.

느낌이나 감정표현에 두려움이 사라지고 만다. 그래서 생각에 여유를 얻으며 유동적이 된다. 편견이나 선입관이 무너져버리고 그 무엇에서 (압박, 불안감, 공포증 등) 해방감을 체험하게 된다. 어떤문제에 집착하지 않고 , 자연스러운 삶의 한과정으로써 체험할 수 있게 된다.

제 7단계 : 정리와 결단의 매듭

자신의 느낌, 생각, 태도 등을 스스로 분석, 검토, 정리하면서 비교적 신념에 찬 결단을 한다. 감정, 사고의 표현이 보다 자유롭고 적극성을 띄게되고 유동적이다. 이상 T-그룹을 주로 한 집단 경험학습에서 각 멤버들이 어떻게 변해가고 있는가를 관찰하며 그것을 정리 종합하고 일반화해 본 것에 불과하다. 그러므로 실제에 있어서 앞에서 말한 것처럼 그렇게 정연하게 또 꼭 단계적으로 변해간다고는 단언하기 어렵다. 왜냐하면 같은 집단에 참가한 사람이라 하더라도 개개인에 따라서는 여러 사람이 여러가지 모습으로 다르게 변해갈 수 있음을 감안해야 되기 때문이다.

(2) 인격이 바뀌어가는 모습

다음에는 인격변용의 방향에 대하여 살펴보기로 한다.

① 자기자신에 대한 변용의 방향

- 자기의 감정을 다른사람에게 비교적 자유롭게 부담 없이 표현할 수 있다. 자기를 억지로 꾸미려 하지 않는다. 그리고 자기감정의 흐름에따라 자연스럽게 자신을 순응시킬 수 있게 된다.
- 자기가 평소에 갖고 있는 편견이나 선입관, 오해 같은것을 스스로 잘 알게 되며 그런것을 바로 고칠 수 있는 마음가짐이 강해진다.
- 어떤 문제가 발생했을 때 자기 문제는 자기가 직접 부딪쳐서 해결해 보겠다는 자기긍정적 태도와 책임감이 높아진다.

② 타인에 대한 태도변용의 방향

- 다른 사람과 보다 깊은 관계를 맺기를 좋아하는 경향이 높아진다.
- 다른 사람의 말에 진심으로 귀를기울이는 적극적인 경청태도가 높아진다.
- 마음에 대하여 따뜻한 감정을 느끼게 하고, 적의를 품거나 미워하는 마음이 줄어든다.

③ 사회적 활동이나 일에대한 태도변용의 방향

- 무슨일에 대해서든 보다 적극적이고 자주적으로 임하는 태도가 증가된다.

- 일의의미나 성질을 생각하여 시간이나 노력의 배분을 보다 효과적으로 하는 경향이 늘어간다.
- 일반적으로 활동하는 분량과 영역이 점점 많아진다.

④ 학생들을 대하는 태도변용의 방향

- 학생들을 신뢰하는 태도가 강해진다.
- 학생들의 자발성과 자주성을 존중하는 태도가 늘어간다.
- 학생들의 사고와 행동을 비교적 있는 그대로 받아들이면서 이해하려는 태도가 높아진다.

⑤ 카운슬링과 관련지은 교육자의 태도

이런것을 좀 다른표현으로 카운슬링과 관련지어서 교육자의 태도가 어떤 모습으로 바뀌어 지는가를 정리해 본다면 다음과 같이 볼 수도 있을것이다.

- 종전에 명령적, 처벌적, 권위주의적인 태도가 줄어들고 비교적 허용적, 수용적, 이해적 태도가 늘어난다.
- 종전에 교육자 중심, 교과서중심의 태도는 바뀌면서 자율, 자주, 협동, 탐구학습의 방법을 창출하게 된다.
- 종전에 자기학급만의 우선제일주의라는 좁은생각에서 벗어나 교육자 서로간의 이해와 학교전체의 협동을 존중하려는 태도가 은연중에 싹튼다.

⑥ 기타 다른각도에서 그 바뀌어가는 모습을 표현해 본다.

- 어떤 일(사건 또는 상황)에 대하여 본인자신이 그 문제를 어떻게 보고, 느끼고, 받아들이고 있느냐에 대하여 민감한

이해를 하게 된다.

- 어떤 사건자체의 내용보다도 상대되는 인간에 대한 관심과 반응을 주로하여 생각한다.
- 다른사람을 평가하려는 태도보다는 있는그대로를 인정하려든다.
- 다른사람을 불신하려는 태도보다는 신뢰하려 한다.
- 자기의 장, 단점을 숨기려 들지않고 솔직히 표현하려는 태도가 늘어난다.
- 다른사람을 자기생각에 맞추려 하거나 구속하려 들지 않고 해방하기를 좋아한다.
- 자기자신만을 사랑하기 보다는 남을 더욱 사랑하기를 좋아한다.
- 막혀진 생각에서 탁 트인 생각으로 멀고 큰 미래를 꿰뚫어 볼 수 있는 시야를 가지게 된다.

(3) 직장에서 바뀌어져가는 모습

그 밖에도 이 프로그램 학습의 참가자들이 가정이나 직장에 들어가 얼마동안 지난 후에, 다시만나서 그때 프로그램에 참가했던 경험의 효과에 대해서 다음과 같이 말한것들이 있었다.

① 사람을 대하는데 있어서 심리적 긴장이나 압박감이 많이 줄어들었다.

② 사람을 존중해야 한다는것은 머리(지식)로서가 아니라, 마음으로 알게되었다.

④ 사람에대해서 불신하려는 태도가 많이 줄어들고 신뢰하려

는 느낌이 높아졌다.

⑤ 상대방의 말 표현보다도 마음(심정)의 상태를 이해하려고 노력하게 되었다.

⑥ 자기주장이나 고집만을 내세우는 태도가 많이 줄어들었다.

⑦ 가정분위기가 많이 좋아졌다.

⑧ 사제간에 흉금을 터놓고 접근하기가 쉬워졌다.

⑨ 직장에서 윗사람이나 아랫사람과의 이해가 증진되고 동료간에도 보다 원만해 졌다.

⑩ 내자신은 별로 달라진 것을 느끼지 못하는데 남들이 내가 전보다는 무엇인가 변했다고 말한다.

위에서 집단경험프로그램 학습을 통해서 사람이 달라질 수 있다는 것을 다소 실증적으로 적어보았다.

이와같은 변화는 모두 지식적인 것이 아니고 마음 밭(심성), 태도, 행동특성 등에 속하는 것이다. 그렇게 볼 때 이런 것들은 곧 성격의 변화라고 보기는 어렵다고 하더라도 「인간됨」의 변용이라고 보는 정도는 이해할 만한 것이 아닐까?

한편 이와 같은 변화의 지속성에 대하여 의심을 가지는것도 당연하다. 그러나 이 변화 자체가 지식에 의한 것이 아니기때문에 오히려 잊어버릴 염려가 없으므로 시일이 흐른다고해서 나쁘게 되돌아가기 보다는 더욱 심화되고 향상될 소지는 얼마든지 있다고 본다. 그리고 또 한가지 흥미로운 일은 한번 이런경험학습에 참가한 사람들의 대부분이 몇번이고 거듭하여 참가하기를 원하고 있다는 사실이다. 그렇다고 T-그룹이 만능이라고는 믿는 것은 아니며 그것을 지나치게 예찬하려는 것도 아니다. 다만, 우리가 지금까지 너무도 막혀있는 인간문제에 대하여 약간이나마 밝은 전망을 비추어 준다는 점에서 그 의미는 매우 크다고 볼 수 있다.

3. 인간이해방법

「나는 누구인가?」 하는 질문에이어, 인간존재의 의미를 알고 완전한 인간을 갈망하는 소리를 우리주변에서 얼마든지 들을 수 있다. 여기에 대한 해답을 쉽게 줄 수 없다. 하더라도 적어도 사람마다 심성속에 채워지기를 원하는 인간성의 신비를 인식하고, 가능한 한 올바른 궤도위에서 걸어가도록 도와주어야 할 것이다. 모름지기 생명과 죽음, 자유와 억압(노예 상태) 책임과 방종(도피), 사랑과 미움(이기주의), 소속과 소외 등 전자를 선의 신비라 한다면 후자를 악의신비라고 말할 수 있는데, 그 본질이 무엇이냐는 물음에대한 적절한 해답을 탐구해 보아야 하겠다.

인간구원의 문제는 바로 이러한 현실적인 문제해결이다. 그러나 이러한 인간존재의 의의와 인간완성을 갈망하는 현대인들에게 일반적인 공세로서 나갈 때, 역시 결실을 얻기가 매우 어려울 것이다. 가령 최고경영자와 종업원, 교사와 학생, 부모와 자녀사이에 하나의 일치점에 도달하려는 방법이 모색되어야 하는데 그것이 바로 「만남과 대화」 그리고 여러가지 집단상호작용을 통한 프로그램활동이 아닌가 생각된다.

프로그램 활동을 통한 집단경험학습에 대해서는 앞서 실제적인면과 이론적인면을 제시했기에 여기서 대화를 통한 바른인간 이해라는 측면에서 생각해 보고자 한다.

(1) 대화의 뜻

글자그대로 대화란 '서로 마주대하여 말한다.'는 뜻인데 우리말사전을 보면 맞대앉아 이야기하는 것, 회화, 대담이라고 쓰여 있다. 국어교육에서는 '일상생활적인 세상돌아가는 이야기'를 회화라 하고, 연극이나 논리적인 문답의 관계를 '대화'라고 하였다. 일본의 야마구찌는 대화속에 지적요소가 짙은 것을 '문답' 이라고 했고 정적요소가 짙은것을 '회화'라고 했으며 논리적 요소가 적은 것을 '토론'이라고 정의하였다. 미국의 Dorothy Sharnoff는 서로가 주고받는 문답이나 대담을 '대화'라고 하였다. 여하튼 대화의 요소는 전달자가 있고 수화자가 있기 마련이다. 그리고 실제의 대화는 시기와 장소와 경우 등의 성립조건이 갖추어져야 하며 대화의 내용이 있어야 할 것이다. 미국의 Alan Monro는 대화의 다섯가지 일반적인 목적을 다음과같이 정리하고 있다.

설득적인 측면에서 인상적 반응(정적인 반응)을 '감동'이라 하였고, 호소적인 측면에서 확신이나 동의, 승인(지적인 반응)을 '이해'라 하였고, 납득하여 남의 눈에 띄는 태도를 '행동'이라 하였고, 교훈적인 측면에서 명확한 이해를 '알려줌'이라고 하였고, 호의적인 측면에서 관심이나 흥미를 갖고 즐기는것을 '즐겁게 해줌'이라고 구분하고 있다. 이러한 대화의 목적이 빗나갔을 때 야기되는 여러가지 험악한 인간관계는 우리주변에서 흔히 볼 수 있다. 그 반면에 참된 대화는 「너와 나」와의 관계를 원만하게, 더 나아가서는 일치하게 해주는 원동력이며 구체적인 방법인 것이다.

시대와 생활이 어떠한 과정을 겪으면서 변천되어 간다 하더라도 사회공동체의 속성을 떠날 수 없는 인간은 언제나 대화를 나누면서 살지않으면 안되는 존재 즉, 고립할 수 없는 존재이다. 바로 현대는 대화의 시대이기 때문이다.

동서냉전의 화해를 위해, 경제성장의 개발을 위해 협상의 빈도가 잦아졌고, 보다 자신의 입장을 적절하고 효과적으로 피력하고자 하는 시대적요구에 따라 대화의 중요성은 아무리 강조해도 다함이 없다. 그러나 문제는 오늘날 우리들사이의 대화는 얼마나 「참되게」 이루어지고 있는가? 어느 정도까지 이루어져야 「참된 대화」가 될 수 있을까?

대화를 통해서 서로의 성장을 가져오고, 사랑을 나누고, 서로 할일을 가져왔어야 할텐데, 오히려 인간관계의 분위기 조성을 이룩하지 못하고 분열을 초래하였는지도 모른다. 성숙한 사람은 모든사람과 참된 인간관계를 가지는 사람이라고 본다. 우리는 일상적인 삶의 현장속에서 얼마나 많은 과오를 범했던가? 좀 더 구체적으로 생각해 본다면

① 나는 상대방을 무시하고 상대방에 대해서 무관심하지 않았던가?
② 나는 상대방을 물건취급한 일은 없었던가?
③ 나는 상대방을 소중한 인격의 소유자로 대해 주었던가?
④ 나는 상대방을 진정으로 나의 이웃으로 맞이하였던가?

위의답을 스스로에게 물었을 때 나의 인간관계는 정도에 역행하고 있었음을 솔직하게 인정하지 않을 수 없다.

「대화의 기적」이란 책을 쓴 류엘 하우는 「대화를 통한 의사소통이란, 두사람 또는 그이상의 사람들 사이에 맺어지는 인간관계에서 의미가 서로 통할 때에만 생긴다.」고 말했다. 그것은 사람과 사람이 무엇인가 뜻을 함께 나누어갖는 현상을 말하며 그럴 때만

이 「의미와 의미가 동시에 발생한다.」는 말이 다. 이와같이 대화가 통하려면 서로간의 인격이 존중되고 자주성과 신뢰, 성실 그리고 공동의 경험을 서로 나눌려는 노력이 있어야 한다. 그리고 이 대화의 문제는 넓은의미의 교육방법이나 인간관계 개선에까지도 해당되는 가장 직결문제가 아니겠는가? 이러한 일련의생각이 분명히 일리가 있다고 긍정한다면 그 대화가 잘 안되는 원인은 무엇이며 단절된 대화를 회복하려면 어떻게 해야할 것인가를 생각해 보아야겠다.

(2) 대화의 장애요인

대화를 한다는것은 어떠한 관계를 맺는다는 것을 뜻한다. 관계를 맺게되기 위하여는 단적으로 말해서 생각을 주고받는 작용이 어느정도 이루어지느냐에 달려있다. 그런데, 우리가 실제로 효과적인 대화를 한다는것은 대단히 어려운 일이어서 흔히 일방통행적인 대화가 되거나 쌍방이 말을 주고받지만 의사의 소통은 안되는 수가 있다. 이렇게되는 요인 몇가지를 들어본다면 첫째, 연령·지위·신분·위치 등의 차이에서 오는 상호몰이해와 그에 따르는 가치관의 차이를 들 수 있고, 그 밖에도 경험의차이 그 사람의 인상인 선입관, 숨겨진 분노나 증오, 정서적 봉쇄나 방어기제, 물리적 환경이나 언어적 표현 등에도 큰 영향을 받게 마련이다. 그러나 그러한 요인들보다도 더욱 근본적인 요인으로 생각되는 것은 서로의 인간자체에 대한 참다운 이해와 신뢰 그리고 존중감과 사랑 등으로 말할 수 있는 인간중심의 관점을 잃어가고 있는 것이라고 말할 수 있다.

(3) 대화의 촉진방법

① 감정의 이해

우리가 바람직한 인간관계를 이루기 위해서는 반드시 대화가 필요하며 그 대화는 서로 순수한마음이 교류할 수 있는 대화가 되어야 한다. 그를위해서는 서로의 인간적인 이해가 바탕이 되어야 하는데, 그이해라는 것이 어떤것을 뜻하는 것인가?

이해라는 말은 보통 어떤사항의 내용이나 관계를 안다는 것, 또는 좀 마음에 걸리는 인간관계의 일을 너그럽게 접어둔다는 의미 등으로 쓰고 있는데 그런정도의 이해로는 참으로 마음이 통하는 이해가 될 수 없다.

여기서 다시생각할 것은 우리가 적어도 인간관계에 있어서 서로가 보다 인간답게 성장변화하며 관계를 개선하는데 도움이 되는 것은 서로가 상대방의 현실적인 감정을 이해하여야 한다는 것이다. 그러면 현실적인 감정이란 무슨 의미인가? 바로「지금, 여기」서 움직이고 있는 생생한 그 감정을 말한다. 우리가 대화할 때 이해해야 할 상대방의 감정은 과거의것도 미래의것도 아닌것이 순간의 것이며, 또 감정은 한자리에 가만히 머물러 있지않고 항상 움직이며 변화하고 있는것이다.

사람의 마음이나 행동은 반드시 이러해야 한다는 당위적인 논리에 의하는 것보다는 오히려 감정에 좌우되는 경우가 크다고 볼 때 감정이해에 노력하고 또 민감해야 한다는 것은 불가피한 일이 아닐 수 없다. 그런데, 여기감정을 이해한다는 것은 상대방의 감정을 재빨리 눈치챈다던가, 보아준다던가, 평가한다던가, 동정한다던가, 하는것과는 좀 다른 것이어서 있는그대로를 순수하게 그대로 보고, 용납하고, 받아들이고, 공감하고 하는 것이 중요하다고 본다.

② 신뢰감 조성

흔히들 인간은 무한한 가능성을 지닌 존재라고 한다. 그 무한한 가능성이라는 것을 조금 다른각도에서 말한다면 자기실현의 욕구라고 할 수도 있을것 같다. 사람은 본래 자기에게 있지않는 것 즉, 안정감, 소속감, 애정, 명예, 재산, 권력 등을 얻으려고 하는 강한욕구가 있을뿐만 아니라 보다 적극적으로 자기의 능력과 적성을 자기의 삶 속에 현실화하려는 강한욕구도 아울러 가지고 있어서 우리가 여기서 중요시할것은 소울 성장동기라고 이름하는 그것이다.

자기속에 잠재해있는 인간의 능력은 참으로 무한한 것이라고 할 수 있으며 그 적응력도 그 한도를 헤아릴 수가 없고 또 사람 본래의 성품을 도덕적인 면에서 볼 때 그것은 선도아니며 악도 아닌 양면성 또는 무한한 가능성이라고 말할 수밖에 없지 않을까? 또 이 가능성의 문제를 생각할 때 이와관련하여 창조성이라는 인간의 특성을 생각하게 된다. 즉 무한한 가능성은 무한한 창조성을 의미하는 인간은 큰 창조적 존재라고 할수도 있다.

사람은 누구나 어떤문제에 부딪치면 고심참담 각기 독자적인 방법으로 그 문제에 대처하고 해결해 가는것은 그 좋은 증거이기도 하다. 그러므로 우리가 서로의 인간에 대하여 그 가능성과 창조성을 신뢰하고 그 특성을 유감없이 발휘할 수 있도록 한다는 것은 중요한 일이며 그를위해서는 시행착오나 실패까지도 경험해 볼 수 있는 자유가 피차간에 보장되어야 한다. 그런데 우리의 교육이나 직장이나 사회의 풍토가 과연 어떠한가? 가능한과 창조성을 입으로는 말하지만 그에대한 투철한 신뢰는 없고, 또한 그것을 기르고 키워야 한다고 떠들기는 하지만 실제로는 그것을 짓밟아 버리거나 말살해 버리는 방향을 기울이고 있다는것이 솔직한 현실이 아닌가? 이러한 풍토에서 진정한 의미의 생명력 있는 교육은 기대할 수가없다.

③ 존엄성 존중

인간의 존엄과 평등을 부르짖고 말하는 사람은많고 그 역사도 오래되었다. 그러나 그것을 실천해 옮기고 몸소 체득하고 사람을 대함에 있어서 그러한 자세나 태도로 말하고 행동한다는 것은 결코 쉬운일이 아니다.

왜 인간은 존엄하고 평등한 존재인가?

그 답은 여러가지로 말할 수 있겠지만 인간이 주체적이며 독자적인 존재이기때문이라는 것이 그 중요한 회답이 될것만 같다. 주체적이라는 뜻에는 능동적 자발적, 실천적이라는 특질로 되어 있다고 보겠으나, 그 보다도 주체적이라는 것은 인간이 살아있다는 근원에 연결되는 것으로서 생명에의 경의나 존엄과 상통하는 것이며 독자성이라는 것은 인간존재의 제2의 특질이라고 할 수 있다. <사람은 누구나 다른 사람의 지배를 받는것을 좋아하지 않으며 또 이세상에는 모든사람의 얼굴이 서로 다른것처럼 똑같은 사람은 절대로 없다는 것으로 증명이 된다. 그런데, 우리는 너무도 많이 상호간에 주체성을 무시하고 무시당하고 있지는 않은지? 또 모든 분야에서 인간의 독자성을 인정하기 보다는 여러가지 이유와 구실을 붙여가며 그것을 무시하고 자기의기준으로 타인을

평가하며 강요하는 입장에서 많은 사람들을 어떤 목적에 따라 획일화하려는 경향이있다.

주체성을 인정하는데서 존엄을 알고 독자성을 용인하는 데에 평등성이 있는 법인데 인류가 겪고있는 역사상의 크고작은 불행한 사건들이 개인이나 집단 간의 주체성을 억압하고 독자성을 일렬화 하려는데 기인됨이 크다고 볼 수 있다. 따라서 우리는 교육개선이나 민주발전이나 세계평화를 생각할 때 이 인간의 존엄과 평등이라는 기본적 입장을 소중히 음미하고 몸에 베이도록 힘쓰고 또 힘써야하며 이로써 인간적 대화의기본을 삼아야 한다는 것은 너무나 당연한일이 아닐 수 없다.

④ 개인과 집단의조화

사람들은 언제 어디서나 여러가지 형태의 집단과 조직을 형성하고 살고 있다. 그것은 인간의 특질로서 주체성, 독자성, 창조성 등과 함께 사회성이라는 일면의 특성을 가졌기 때문이다. 사람은 본질적으로 혼자살기를 싫어하며 또 혼자 살수도 없다. 오히려 항상 어울려 살려고하며, 따라서 서로 협동하기를 좋아하는 것이 사실이다. 그런데, 앞에서말한 인간의 특성인 주체성, 독자성 등이 사회성이나 협동성과는 상반되고 대치되는 것이 아니냐 하는 의문도 있을 수 있으나, 그런의문은 관념과 이론상의 문제이고 인간생활의 실제에서는 그 상반되는 뜻이 보이는 두측면이 아무런 모순도없이 잘 조화되어 있다는것을 알 수 있다.

그럴뿐아니라 그 주체성과 독자성 그리고 창조성 같은 특성이야 말로 우리의사회적집단을 다양하게 할 그것이 활기 있는 생명력의 원천이 된다는것을 이해할 수 있다.

우리가 어떤개인들의 반집단, 반사회적인 비판이나 저항때문에 어려움을 당하는 일이 많은데, 잘생각해 보면 만일 그런것도 하나도 없다고 할 때 과연 그 집단이나 사회가 살아있다고 할 수 있으며 발전할 수가 있을 것인가? 어떤의미로서는 그런 반사회적 작용에 의하여 사회나 집단은 끊임없이 변혁되고 개선되고 발전되어 가는것이라 하겠다.

대개의 경우 무조건 싫어하고 피하려고 하는 반사회적 행동의 대부분은 자기가 속하는 집단이나 사회를 파괴하려는 동기에서가 아니라 그 성원의 소속감이나 참여의욕이 이해받지 못하거나 오해되고 거부되었을 때에 일어나는 현상이라고 이해되어야 할 것이며 그러한 바탕에서만 바람직한 대화가 전개될 수 있을 것이다.

⑤ 책임있는 역할수행

우리가 사회적인 삶을 살아가는데는 각자가 지켜야 할 위치가 있다. 가정에 있어서도 그렇고, 직장에 있어서도 마찬가지이다. 각자의 위치에서 그의 합당한 역할을 훌륭하게 하는사람이 곧 자기의 인생을 잘사는 것이고 또 사회적 공헌도 크게 하는사람이다.

인간 상호간의 관계를 수직적관계와 수평적관계로도 볼 수 있는데 수직관계는 어떤형식적인 요소가 함께하는 경우기 많기 때문에 의식하기가 쉽지만 수평관계는 그렇지 않고 수직적인 상하의식에 가려서 망각되고 등한시되기가 쉽다.

우리가 자기위치에서 역할을 잘하고 또 관계자나 성원들간에 진정으로 마음이 통하는 대화를 위해서는 수직관계 보다는 수평적관계를 소중히 여기고 자기의위치나 역할만을 생각할 것이 아니라 상대방의 그것을 알고 이해하여야 한다.

그리고 인간사회의 모든 관계와 활동은 결국 서로돕는 관계라야 하며 또 사실이 그러하다는것을 잊어서는 안 된다. 우리사회에는 다스리는 위치와 다스림을 받는 위치, 일을시키는 위치와 하는 위치, 지도를 하는 위치와 받는 위치 이런 상하수직의 관계만이 너무 두드러지는 반면 서로돕는다는 수평관계의 의식이나 표현이 너무가려져 있는것이 아닌가? 물론 이정신을 모든 사람들이 서로 인식해야 할 일이겠지만 우선 지도층이라고 불리는 경영자, 관리자, 상사, 선배 이런사람들부터가 이에대한 투철한 전환적 각성이 있어야 할 것으로 믿는다.

결론적으로 우리는 소위민주주의라는 것을 최대의 가치와 옳은 것으로 믿고 그의 실현을 힘써보고 있는지 오래이며 특히 요즈음에 민주발전을 이룩한 다고 여러가지 시련을 많이 겪고 있다. 인간성을 회복하기 위하여, 단절된 대화를 되살려야 한다고들 말하고 있다. 그러면서도, 그에 대한 별로 신통한방법은 없는듯하다.

우선 자신부터가 진정 인간중심의 방향으로 마음의 눈을 돌리는 일이며 우리서로가 인간의 본성을 긍정적으로 믿고 그것을 억압하거나 억압받지 않고 최대한으로 자연스럽게 발휘하고 발전시킬 수 있도록 참된자유와 안전의 풍토를 만들어 갈 수 있도록 힘써가는 일이다. 그렇게 하여 나의가정, 나의직장, 나의이웃부터가 서로 이해하고 존중하며 마음 놓고 서로 대화할 수 있게 된다면 모든면에서 신뢰와 희망과 행복을 내다 볼 수 있지 않겠는가!

진정대화는 사람안에서 진리를 찾으며 공동선을 추구하는 하나의 구체적인 행동이다. 궁극적으로 진, 선, 미 자체인 절대자 안에서 완성되는 종교적 자세를 추구하는 것이라고 말할 수 있다.

우리의 삶의목적이 인간을 크게 유익하게 한다.(홍익인간-이것은 우리 민족의 건국이념이고, 고유의 철학하며 곧 하느님의 뜻이라고 믿음)는데 있음을 깨달아 인간의 존재의 근원이라 할 수 있는 자아실현의 욕구를 유감없이 구현함으로써 참되고 보람 있는 삶이 될 것을믿는다.

제 3 장 교수 · 학습의 개념

1. 교수의 개념

사회교육에서 교수란 교육자가 피교육자에게 교육내용을 가르치는 것, 또는 가르치는 과정이라고 할 수 있다. 이러한 교수가 이루어지기 위해서는 피교육생들 즉, 학습자가 학습활동을 자발적으로 받아들이고 교육자도 학습자의 학습활동과 학습결과에 대해서 도와주려는 자발적의지가 생길때 진정한 사회교육의 교수가 발생한다.

교육자의 교수행위를 다른말로 수업이라고 부를 수 있는데 수업이란「개인으로 하여금 특정한 조건이나 또는 특정한 상황에 대한 반응으로서 특정한 행동을 나타내도록 학습하게 하거나 또는 그 특정행동에 참여 할 수 있도록 개인을 둘러싼 환경을 계획적으로 조작하는 과정」이라고 볼 수 있다. 이와같은 교수의 개념을 바탕으로 교수에 관련된 일반 원리를 몇가지 제시하면 다음과 같다 (조정기, 1989 : 9~13)

(1) 사회교육은 학습자의 사고와 태도에 영향을 주어야 한다.

교육자로서 관심을 두어야 할것은 교육결과가 장차 학습자가 자신과 관련된 문제에 관하여 생각하는 관점과 태도에 영향을 주어야 한다. 특히 사회교육은 성인들이 처하고 있는 현실문제 해결에 많은관심을 지니고 있기때문에 교육을 통하여 문제해결에 필요한 사고와 태도가 형성될 수 있도록 해야한다.

특히, 학습결과에 대한 효과는 성인계층에 있어서는 그 교육방법에 따라 크게 좌우된다. 이와같이 생활중심교육은 일반학교 교육보다 사회교육에서 매우 강조되고있다.

(2) 사회교육방법은 교육내용에 대해 교육자와 학습자의 생각과 동일하게 이루어지도록 해야한다.

이것은 운전교육을 배우는사람이 운전교육을 가르치는 사람과 똑같은 생각과 행위를 함으로써 학습효과가 증대된다는 것과 같은 것이다. 그래서 학습자가 어떤 특정한내용을 배운다는 것은 사실 그 현상을 탐구하는 것이며 학습자들은 이 탐구의 결과로 얻은 원리나 방법을 이용하여 차후에 다른방법을 탐구할 수 있게 된다. 이 원리는 지금까지 일반교육에서 일어나고 있는 잘못을 지적해 주고 있다. 말하자면, 흔히 우리는 어떤내용을 학습자들에게 있는 그대로의 결과(지식)만을 학습자에게 전달함으로서 학습자는 그 교육내용의 진실로 무엇을 의미하는지를 모르기 때문에 단순한 지식전달로 끝나게 되는 경우가많다. 그러므로 사회교육방법에서는 학습자가 처해있는 환경 또는 심리적 상황을 충분히 파악하여 교육자가 교육내용을 전개할 수 있게 해야한다.

(3) 사회교육방법은 학습자의 자발적 참여를 유도해야 한다.

이 원리는 교육자가 학습자들에게 교육내용에 담긴 의미 즉, 어떤원리나 탐구방법을 가르침으로써 장차 학습자들의 사고의 관점이나 태도에 영향을 주려고하면 학습자들은 교육내용을 배우는 동안 학습자 스스로 사고하는 기회를 가져야 한다는것이다. 즉 교육의장은 장차 학습자가 생활의장에서 사고하는 훈련의 장이라고 말할 수 있다.

이와같이 「행함으로써 배운다」는 원리나 발견학습의 원리는 모두다 학습자 스스로 생각하면서 배운다는것이 가장 효과적인 원리임을 잘 나타내 주고있다. 물론 교육의 원리로서 발견학습을 주장하는 배후에는 학습자들이 올바로 행하면 올바른 지식에 도달할 수 있다는 가정이 놓여있다. 이 가정은 동시에 교육자에게 무거운 부담을 지워주곤 한다. 학습자들이 행해 보기위해서는 논리적으로 따져서 행해 보겠다는 결의, 또는 동기가 필요하다. 그리고 그 동기는 학습자들이 배우려고하는 내용에대해 흥미를 느낄 수 있을 때 생긴다. 이러한 흥미는 교육자가 교육내용을 조직하고 제시하는 데서 학습자들에게 스스로 발생토록 하여야 한다. 이때 필요한것은 학습자들에게 중요한 지적문제이다. 사회교육내용이 학습자들에게 중요한 지적 문제를 반영하지 않을 때. 학습자들은 아무것도 발견하려고 하지않을 것이며 발견하려고 해야 발견할 것도 없을것이다.

2. 학습의 개념

교수에 대한 정의에서 가장 핵심적인 부분을 특정학습을 성취할 목적으로 환경을 계획적으로 조작한다는 점이다. 즉 이것은 가르치는 쪽에 무엇을 가르칠 것인가에 관한 명확한 의도가 전제되어야 함을 의미하며, 의도된 바로 그 학습을 성취하기 위하여 학습자를 둘러싸고 있는 환경적 조건을 계획적으로 그리고 교묘하게 꾸며 놓아야 함을 하나의 요건으로 삼고있다.

교육은 그냥 인간행동의 변화라기보다는 계획적인 인간행동의 변화를 의미한다. 예컨대 어린이들이 TV를 보고 새로운 지식이나 태도변화가 생겼다 하더라도 이것을 교육이라고 하지 않는다. 왜냐하면, 아이들의 부모는 자기아이들에게 그러한 지식이나 태도변화로 길러야 하겠다는 명확한 의도가 없기때문이다.

교육과정에서 학습을 결과라고 본다면, 이 학습이라는 결과는 환경이라는 조건을 경험이 매개함으로서 비로소 성립한다. 즉, 교수과정을 환경의 계획적인 조작의 과정으로 볼 때 수업에서 교육자가 여러가지 교재를 사용하면서 무엇인가를 가르치기 위해서 노력하는 과정은 그것이 바로 학습이 되는것은 아니며 또한 학습자가 갖게되는 경험도 아니다. 이때 교육자는 의도된 특정학습이 학습자에게 일어나도록 하기위하여 그 특정학습이 발생할 것으로 짐작되는 경험을 학습자들이 가질 수 있도록 가르치는 행위를 전개하고 있을뿐이다.

이렇게 볼 때 교육자와 학습자와의 관계는 수단 - 목적의 관계로 파악될 수 있다. 따라서 수단의 효율성은 그 수단이 주어진 목표를 얼마나 효과적으로 달성하느냐에 달려있다. 그러나 의도적인 가르침을 교수과정이라고 할 때 무의도적인 가르침도 있을 수 있다는 것을 전제하고있다. 즉, 가르치는 쪽에서 가르치겠다는 분명한 의도가 없을때에도 학습은 일어날 수 있으며 심지어 가르침이 없다 하더라도 학습은 발생할 수 있다. 이렇게볼때 교육과정이 반드시 1:1의 대응상황이 아닐수도 있다. 그렇다면 효율적인 교육과정이 반드시 효율적인 학습을 가져온다고는 할 수 없다. 또한 비효율적인 교수과정이 반드시 비효율적인 학습 성과만을 가져오지 않는다는 논리가 성립된다. 이러한 논리적 관계는 교수과정이 학습을 결정하는 충분조건이 아니라, 필요조건에 불과함을 암시해 주고 있다.

즉 학습은 교수과정 이외의 다른 여러가지요소, 학습자의 적성, 학습동기, 선수학습의 정도 등에 많은 영향을 동시에 받고있다.

3. 학습과 교수의 관련변수

사회교육은 전개한다는 것은 집단상황에서 장기적이며 유의미한 학습과제로 설명할 수 있다. 이러한 학습을 위해서는 어떠한 교수과정을 계획해야 할것이냐의 문제가 달려있다. 여기에는 크게 학습과제에 변수, 학습자변수 및 수업변수로 나누어 접근해 볼 수 있다.

1) 학습과제 변수

어떤 교육방법을 계획하여 전개할 것이냐를 결정하는데 있어서 가장중요한 선결요건은 사회교육에 참가하는 피교육자 즉 학습자들로 하여금 달성하게 하려는 학습목표가 무엇이냐 하는 점이다. 예를들면 주요학습 목표가 몇개의 새로운 지식획득인 경우와 새로운 기술 또는 기능인경우와는 매우 다른사회 교육방법이 계획되어야 할 것이다.

일반적으로 한 학습과제는 수업목표로서의 행동과 그행동이 나타나야 할 그것이 어떤 특정행동인가에 따라서 분류되며 학습내용은 그 내용의 구성요소에 의하여 분할할 수 있다. 한 학습과제는 그속에 담긴행동과 내용이 많고 적음에 따라 적당한 크기로 조직되는 것이 보통이다. 그러나 한 학습과제는 그 자체로서 의미있게 통합되어 통합된 전체를 구성할 수 있어야한다.

2) 학습자 변수

학습자에게 관련된 변수는 사회교육에 누가 참가하여 배우게 되느냐의 변수로서 이것은 사회교육방법을 결정하는 주요한 요인이 된다. 학습자들은 학습에 관련된 여러가지 측면에서 개인차가 크기때문에 학습자에 관련된 변수를 다시 여러가지 하위변수로 나누어 볼 수 있다. 즉, 학습자에게 관련된 변수에는 지적투입행동과의 정의적 투입특성으로 구분해 볼 수 있다. 첫째, 지적 투입행동에 관련된 요소에는 학습적성, 일반지능, 선수학습정도 및 학습양식 등이 있다. 둘째, 정의적 투입특성에는 학습동기, 학습흥미 및 학습에대한 자신감 등이 있다. 지적 투입행동과 정의적 투입특성에 관련된 변인은 어느정도 중복될 가능성이 있다. 즉, 높은 학습적성이나 일반지능에 의한 성공의 경험은 일반적으로 학습동기를 포함하는 정의적 투입특성에 긍정적인 영향을 미칠 것이다.

3) 수업 변수

사회교육을 전개하는 과정을 수업이라고 볼 수 있는데 여기에 관련된 변수로는 절차변수, 활동변수, 매개변수 및 조직변수로 나누어 설명할 수 있다.

(1) 수업절차 변수

사회교육의 목표를 달성하기 위한 사회교육방법을 계획하는데 있어서 우선 전체교육 방법의 절차를 결정해야한다. 보통 사회교육 방법의 도입, 전개, 평가의 순서로 절차가 이루어지는데 이러한 과정을 총체적으로 사회교육 방법의 계획이라고 할 수 있다.

(2) 수업활동 변수

수업절차가 결정 되고나면 그 절차에 따라 구체적인 사회교육 방법을 결정해야 한다. 물론 교육방법은 사회교육 목표와 학습과제의 성격에 따라 결정되어야 하지만 시설, 보충교재의 유무 및 수업시간 등의 실제적인 여건을 충분히 고려하여 결정되어야한다.

(3) 매개변수

수업과 학습 즉, 교육자의 학습자는 어떤 종류의 전달매체를 통해서 상호접촉이 가능하다. 따라서 수업활동의 전개에 있어서 어떤 전달매체를 사용할 것인가를 결정해야한다. 사회교육에 이용되는 전달매체에는 ①언어적 전달 ②비언어적 전달 ③인쇄된 매체 ④TV ⑤필림 ⑥슬라이드 ⑦청사진 ⑧그림 ⑨모형 ⑩라디오 ⑪VTR ⑫녹음테이프 ⑬레코드 등이 있다.

(4) 조직변수

사회교육은 대부분 집단으로 전개되고 있으므로 어떠한 집단상황을 제공하느냐에 따라 학습결과는 매우 다양하게 나타난다. 이렇게 집단을 조성하는 과정을 조직이라고 볼 수 있는데 이러한 조직변수에는 크게 학습자조직과 교육자조직으로 분류해 볼 수 있다. 첫째, 학습자조직에는 대집단, 중집단, 소집단 또는 연령별 집단, 학력별 집단, 능력별 집단 등과같이 다양하게 구별될 수 있다. 둘째, 교육자조직에는 학습담임제, 교육내용 담임제 및 Team 담당제 등으로 나눌 수 있다.

제 4 장

사회과 교육에서의 이념교육

1. 사회과에 있어서 이념교육의 문제점

사회과교육은 지식탐구와 함께 가치탐구를 진행한다. 그렇지만 상식적으로 생각할 때에, 우리나라에 있어서는 사회과에서 도덕과가 독립되어져 있으므로 사회과는 가치중립적 입장에서 지식위주의 탐구를 하는것으로 단정 짓는 경향도있다. 그리고 사실상 그러한 견해를 펴는 학자들도 있어왔다. 그러나 인간의 사회적 삶은 자연현상과는 달라서 결코 몰가치적인 입장에 설 수는 없다. 사람의 사회생활은 끊임없는 가치문제에 직면된 것이고 가치문제를 해결해 나가는 것이다. 따라서 사회과교육에 있어서 가치문제를 바탕으로 한 이념문제의 고찰은 필수적이다. 우리나라의 사회과교육에 있어서는 지금까지 이념문제를 도덕과에 떠맡기고

방관자적인 자세를 보였다는 생각이 들 정도로 거리를 두었던것이 사실이다. 도덕과에서 이념을 다루므로 그것을 다루면 남의 영역을 다루는듯한 착각에 빠지기도 하고, 사회과에서는 그것을 다루지 않아도 되는 것이니 애써 다룰 필요가 없다는 편한 자세를 보이기도 했었다. 그러나 그것은 사회과 교육이 사명을 충분히 수행하지 못한것이었거나, 잘못 생각되어진 것에서 비롯되었다고 하겠다. 그러나 흐름은 우리나라 사회과교육의 이념교육에 여러 가지의 잘못된 고정관념(stereo-type thinking)을 심어놓게 되었다. 앞으로의 사회과교육에 있어서 우리는 이념문제를 어떻게 다룰 것인가를, 이러한 잘못된 고정관념들을 분석하면서 헤아려보기로 한다. 사회과교육에 있어서의 이념교육의 개선은 이러한 고정관념을 깨는데서 출발하기 때문이다. 첫째로, 지금까지 해방이후 계속되어 왔으며 유신시대와 제5공화국시대에 있어서 특히 강화되었던 이념교육의 주체에 대한 일원적성향이 부서져야 하겠다. 이념교육의 주체는 다원적이어야 한다. 민주주의 국가의 주인은 국민이지 국가가 주인일 수는 없다. 그런데 지금까지 이념교육의 주체는 국가만 있듯이 오해를 한 흐름이 우리사회를 지배해 왔다. 이념교육의 추진에 있어서 국가의구실은 매우 중요하다. 그리고 국가의 존재는 강조되어야 한다.

그러나 요즈음에 나타난 이념교육의 혼돈현상은 국가가 거의 독점해 오던 지난날의 이념교육이 국가의 도덕성이 흔들림과 함께같이 흔들림에서 비롯된 것이다. 제5공화국 말기에 국가의 도덕적 정통성이 거의 파탄지경에 이르러, 6·29선언과 함께 대전환을 가져오게 되기까지 도덕적으로 흔들린 국가가 이념교육을 독점하다가 이념교육의 토대를 근본적으로 흔들리게 만든것은 크게 재 성찰 되어야 할 일이다. 나라를 잘되게 만들기위한 이념창출이나 이념교육은 많은 민간기관에도 널리 그 주체성을 인정해주어서 다양하고 폭넓은 이념형성이 되도록 해야하겠으며, 그 책임도 다원적으로 나누어 가질것이 요망된다.

둘째로, 이념교육의 방향은 반 하향적이어야 하겠다. 국가가 위로부터 일방적으로 이념교육을 주도하고 교사는 이를 무조건 전달하는 권위주의적인 이념교육의 흐름은 불식되어져야 하겠고, 많은경우에 이념교육은 교사들에의해서 교육과정이 밑에서부터 해석되고, 국가목표가 상향적으로 이념화되는 교육이어야 할 것이다. 물론 교사에게만 방임적으로 맡기고 국가는 물러나라는 말은 아니지만, 요즈음과 같은 이념교육의 방황은 제 3, 4, 5,공화국으로 이어지며 증폭되고 강화되어진 하향적 이념교육이 오랫동안 축적되어서 나타났다는 생각을 갖고 교사 주도에 의한 이념교육을 정착시키려는 노력이 있어야 하겠다.

셋째로, 이념교육의 방법은 맹교(indoctrination)가 아니어야 한다. 이념주입에의한 맹교가 지금까지 적지않게 교육현장에서 발견되어 왔는데, 이념은 주입되는 것이 아니라 학생들이 고도의 판단력을 갖고 선택하는것이다. 현장교사들이 종종 쓰는말로써 학생들에게 "무언가를 심어준다"는 표현을 쉽게 듣게된다. 그것은 전형적인 교화 혹은 맹교적 표현임을 유의해야 하겠다. 공산주의보다 민주주의가 좋다는 것을 학생들에게 심어주고 강요하는 것이 아니라, 자유의지에 의한 깊은 통찰과 사색에 의해 민주주의가 정말로 보다 좋은 이념이며 삶의 양식이라는 것을 느끼도록 해야 할것이다. 80년대말로 동구 공산국가의 몰락이 일단락되고 공산주의이념의 국제적 실험은 실패였다는 것이 국제적으로 증명되고서도, 아직 우리나라에 있어서는 이념적으로 혼동을 겪는 것은 지금까지의 맹교가 주도적으로 이루어지던 사회과교육의 잔존적 폐해라고 하겠다.

넷째로, 이념교육의 실천은 정직한 것이어야 한다. 거짓되거나 과장 될것은 언젠가는 틀림없이 그 허구성이 드러나는것이며, 오히려 교육을 하지 않는것보다 못하게 되어 역효과를 초래하게 되는 것이다. 잠시동안의 반짝 효과만을 노린 선전적이거나 선동적인 접근은 삼가야 할 것이다. 학생들의 이념교육에 있어서 부족한 것이나 잘못된것은 솔직하게 시인하고, 학생들에게 부딪힌 문제를 겸허하고 솔직한 자세에서 같이 논의하면 학생들은 진심으로 이념적 실체에 접근할 것이다. 학생들에게 의혹을 주고 불신을 주는 이념교육은 항상 실패하는 것이다. 학생들은 교사가 신이 아니라 훌륭한 인간이길 바라는 것이며, 이념교육도 신이하는 것이 아니라 인간이 하는것임이 유념되어야 할 것이다.

다섯째로 이념교육의 객체는 학생만이 아니다. 제자를 잘 가르치려면 스승이 올바르려야 한다. 이념교육을 받아야할 대상은 그러므로 학생만이 아니라, 스승도 포함하는 것이다. 따라서 교사는 스스로 이념교육을하는 주체이면서 동시에 객체인 것이다. 교사는 학생에게 일방적으로 교육을 하는것이 아니라 상호간에 교육을 교환하며 동시에 교육하는 것이라고 보아야하겠다. 교사자신은 이념교육이 민주적이어야 하고 맹교가 부당하다고 말하면서도 실제적으로는 스스로가 그렇지못한 행태를 보인다면 좋은 이념교육은 이루어질 수가 없다. 필자가 1986년에 전국적으로 조사한 바에 의하면 학생들이 보는 교사의 민주성은 매우 문제가 많으며, 특히 고등학교에 있어서는 학생들에게 우려될 정도로 권위적

적 접근을 합한 일원론적 탐구가 이루어진다고 보는것은 당연한 것이며, 사회과에서 도덕과를 함께 다루고있고 도덕과라는 교과가 존재하고, 있지않다. 사실상 미국학자들이 우리나라와같은 이원론에 가까운 나라에오면 도덕과와 사회과가 분리됨에 대해 매우 호기심을 갖고 질문을 하고있는 것이 흔한 사실임을 서론에서 지적하였다. 생각건대 일원론은 거의 세계적인 통설이라고 보아야 하겠다.

2) 이원론

이원론은 도덕과와 사회과는 완전히 다르다고 보는 입장이다. 우리나라의 도덕과는 다른 제2차 교육과정까지는 도덕과가 정식교과(subject)가 되지 못하고 일종의 도덕영역(discipline)으로서의 준교과에 해당하는 지위에 있었다. 그러다가 제3차 교육과정부터 도덕과가 정식교과로 승격되면서, 대학에는 국민윤리과가 개설되고, 고등학교에는 국민윤리라는 이름으로 그리고 초등학교와 중학교에는 도덕이라는 명칭으로 등장하게 되었다.

그러므로 우리나라의 사회과 교육과정에 있어서는 3차 교육과정부터는 상당히 이원론에 가깝게 되었고, 어떤 학자들은 그러한 견해에 적극적으로 찬성하는 견해를 펴기도 한다. 사실상 많은 학자, 교사들이 우리나라의 실정은 이원론 인듯하게 당연히 받아들이거나, 그것을 합리화하는 견해를 펴왔던 것이 사실이다. 사회과와 도덕과 사이에는 높은담이 놓여있으며, 사회과와 여타 교과만큼의 거리를 사회과와 도덕과 사이에도 갖고 있는듯이 생각되는 흐름도 강했다. 그러나 도덕과와 사회과는 진정으로 칼같이 선을 그을 수 있는 관계는 아니라고 본다. 따라서 도덕과와 사회과의 관계에 대한 절충론을 생각하지 않을 수 없게 된다.

3) 절충론

절충론은 이름 그대로 일원론과 이원론의 절충점에서 둘사이의 관계를 파악하는 이론이다. 사회과와 도덕과는 완전히 한 몸일 수도 없는것이며, 그렇다고 완전히 다른몸일 수도 없음을 말하는 것이다. 이것은 그 관점의 차이에 의해서 다음의 둘로 나뉜다.

(1) 일원적 분담론

이것은 일원론에 바탕을 두면서도 양자의 구실이 다름을 주장하는 학설이며 필자도 이와같은 견해를 갖고 있다. 팔자의 견해로 볼 때에는 우리나라의 사회과와 도덕과는 뿌리가 같은 것 이며 양자는 근원적으로 다른것일 수가 없는데, 다만 강조하는 부분이나 맡은바 구실이 다르다는 차이가 있다고본다.

도덕과에서도 완전히 가치문제만을 떼내어서 다루거나 사회과와 유리시킬 수는 없는 것이며, 사회과에서도 완전히 가치문제를 제외하고 인지적 탐구만을 진행할 수는 없다. 오로지 양자는 강조점이 다를 뿐이라고 보는 것이다.

이와같은 분담론은 매우 설득력이 있다고 본다. 왜냐하면 양교과의 겹치는 내용, 비슷한 연구방법, 목표의 일치성 등이 매우 높은 것이 현실인 입장에서 양 교과는 뿌리가 같음을 여러가지로 증명할 수 있는 것이며, 양 교과가 맡은바에 결정적 차이가 있다고 보면 된다. 도덕과는 근본적으로는 사회과인데 보다 더 도덕적 가치, 판단력, 태도 등을 강조하려는 동양적 흐름에 의해 교과로 승격되어 나타난 것이라고 보는것이 좋다고 하겠다는 뜻이다.

(2) 이원적 공조론

절충설에서 또 하나 들 수 있는것은, 도덕과와 사회과는 뿌리가 다르며 완전히 다른 과목이지만, 양자는 거의 비슷한 주체를 다루므로 서로돕는 공조관계에 놓여있다고 보는 입장이 되겠다. 그러나 이원적 공조론은 양자가 완전히 뿌리가 다르다고 하는 것이므로 근본적으로 이원론으로서, 이원론이 가진 문제점을 그대로 갖는것이며 받아들이기는 어렵다고본다.

그렇지만 우리나라의 경우에는 많은사람들이 학교 교육에서 도덕과와 사회과가 양립된 것은 우리나라의 특수상황 때문이었다고 보고 있으므로 그동안의 이러한 교육정책에 근거해 볼 때에는 이원적 공조론을 주장할여지도 있다. 그러나 그것은 현상을 보되 본질을 보지못한 결과라고 생각하며 이원론이 가진 비판을 그대로 이어 받을 처지에 있다고 하겠다. 그런데 이상에서 논한 도덕과와 사회과의 관계를 살피다 보면 제4차 교육과정부터 나타난 초등학교 통합교과의 "바른생활"에 대한 언급이 필요하다. 사실상 앞에서 논한 일원론, 이원론, 절충론 등은 국교 3년에서 고교 3년까지는 타당한데, 초등학교 1,2학년의 바른생활을 보면 이것은 지금까지의 우리나라의 흐름과는 전적으로 다른것이 등장했기 때문이다. 즉 바른생활이란 새로운 교과가 등장한 것에 대한 설명을 하다보면 그것은 한국사회에 있어서는 근본적으로 서구사회의 일원론적 견해에 해당하는 신교과가 등장하게 되었다고 볼 수 있는 획기적인것이다. 그러한 입장에서 바른생활의 학문적 위상을 정확히 파악하기위한 분석이 매우 긴요해지는것이다.

우리나라에는 제2차 교육과정까지는 사회과는 교과이고 이에 반해 도덕과는 교과영역 수준에 머무는것이었다. 그러다가 제3차 교육과정부터는 도덕과가 정식으로 교과로 승격되었으며, 이에 따라 많은 사람들의 다분히 이원론적인 관계인식을 갖게 되었음을 앞에서 지적했고, 그러나 필자는 일원적 분담론의 관계인식이어야 한다는점을 앞에서 지적했다. 그런데 이원론이든 일원적 분담론이든 간에 도덕과와 사회과가 서로 떨어져있는, 딴 살림을 차린 사이인 것만은 분명하다. 여기에 대해 혁명적인 도전을 가한 과목이 바른생활인 것이다. 통합교육과정으로서의 바른생활 교과가 등장하게 된 이유는 바로 딴살림을 차린 도덕과와 사회과의 양 교과사이의 벽을 헐자는 것이었다. 생각건대, 바른생활은 앞에서 논한바에 더하여 말한다면, 이원론 혹은 일원론적 분담론의 입장을 벗어나 일원론적 관계에서 교육과정과 교과서를 진술하고 만들자는 것이다. '바른생활'은 '슬기로운 생활'이나 '즐거운 생활'과는 사실 그 성격이 완전히 다르다. 그렇지만 그것은 위의 두 교과와 마찬가지로 통합교과로서의 성격을 지니면서 미국 등의 대다수 국가에서 말하는 사회과 바로 그것을 지향하고 있는 것임에는 틀림이 없다. 왜냐하면, 그들나라의 경우를 볼 때 도덕과와 사회과는 전혀 나뉘지않고 같은 살림을 차리고 한 집에서 살기 때문이다. 생각건대 원래 제3 차교육과정에 따른 교과서는 바른생활이 도덕, 국어, 사회가 합한것이었는데, 제4차부터는 국어가 빠지면서 도덕, 사회가 합한 것이 되었고 그러다보니 우연인지 필연인지 간에 미국식의 일원론이 되고만 것이다. 이것에 대해서 명확한 개념규정을 하는것은 오늘날의 학계에 있어 매우 중요한데, 바른생활을 사회과가 없어진 도덕과는 아닌가 하는 생각이 나올지도 모른다. 그러나 이경우에도 바른생활은 일원론적 해석을 해야 교과 철학상 옳음을 지금까지의 글을 읽는 독자들은, 현명히 생각하며 읽었다면 자연히 이해하게 될 것이다.

3. 한국 사회과교육에 있어서 이념교육의 미래

지금까지 우리가 사회과 교육을 함에있어서 이념교육에 대해서는 뛰어넘어야 할 높은벽으로서의 잘못된 고정관념이 있으며 그것을 헐어야함과, 사회과 교육에 있어서 이념교육의 지위를 분명히 하기위해서 도덕과와의 관계정립에 대해서 논했다. 그 까닭은 그것을 명확히 함에 의해서 사회과 교육에 있어서도 이념교육은 도덕과에만 전적으로 일임할 것이 아니며, 매우 중요한 것이고 열심히 연구되어야 할 것임을 지적한 것이고 다만 도덕과와 맡은 바 구실이 다르다는 점을 명료히하였다. 본 저서에서는 사회과에 있어서도 독특한 이념영역이 있고 그것에 대한 연구가 왕성해야 함을 지적하고자 한 것이다.

1) 사회과 교육에서의 이념교육의 위상 모색

"왜 사회과교육을 가르치는가?"라는 근원적인 질문이 우리나라의 사회과교육 학계에 얼마나 있어 왔는가? 그에대해 답변을 해보면 확언을 하기가 쉽지 않은것이 사실이다. 그와같은 불명확한 학문적 자기인지의 상황은 바로 우리나라의 사회과교육을 하는 교사나 교수 등이 사회과교육의 본질에 대해서 연구를 깊게 하지 않았다는 논리가 성립된다. 부수적이고 부분적인 것에대한 연구는 했어도 가장 궁극적인 본질은 무엇인가 하는데 대해서 자기성찰이 미흡했음을 말하는것이다. 말하자면 사회과교육의 근본적인 학문이념이나 패러다임에 대한 연구가 아직은 성숙되지 못했음을 말하는 것이다. 최근에 들어서 그것을 강조하는 논문이나 각성을 촉구하는 논물들이 차츰 등장하고 있으나, 아직도 사회과교육은 학계의 내적인 자기성찰이 무르익어서 나오는 깊이있는 철학보다는 외부의 영향에 의한 타율적 연구의 흐름이 적지 않다. 예컨대 미국에있어서는 민주주의교육, 시민교육 등의 흔들림없는 사회과교육계의 합의가 명료히 존재하고 있다. 그러나 우리나라의 사회과교육에 있어서는 궁극적 학문이념이 아직은 완숙되어 있지 않다. 또한 시대의 흐름이 바뀌는데 따르는 그 당시의 사회과교육이 무엇을 지향할 것인가에 대한 연구의 흐름도 적다.

사회과 교육의 발상지인 미국의 경우를 예로 들어보면 사회과교육의 강조이념이 시대의 흐름에 따라서 나름대로 명료했다. 최초의 교과중심 모형부터 시작하여 학생활동모형, 사회과학 모형, 환경교육 모형, 도덕교육 모형, 시민교육 모형 등이 시대의 흐름에 따라서 분명히 등장하면서 그당시의 시민상이나 사회과 교육에서 지향하는 인간상을 확실하게 규정짓고 있다. 그러나 우리나라의 경우에는 그에대한 학계의 합의를 도출하려는 흐름도 욕구도 계기도 아직은 별로없었다. 다만 외국이론을 소개하거나 정부의 요구에 그대로 따르는 사회과 교육의 성향이 높았고, 우리 스스로 창출하는 이념이 적었다.

2) 사회과 교육에서의 이념교육의 방향

지금까지 논의해오는 것을 정리하며 사회과교육의 앞날에 지향할 이념교육의 방향이나 흐름은 어떤 것이어야 할 것인가를 생각해 보도록 한다.

첫째로, 우리의 사회과 교육은 어떤 것이어야 하고, 학문적 패러다임(paradigm)은 어떠해야 할 것인가에 대해서 분명한 합의가 요망된다. 도대체 방향정립도 되어 있지않고 사회과교육이 시행된다는 것은 무리이다. 그때그때의 주먹구구식 흐름에 의해서 사회과교육을 즉흥적으로 한다는 비판이 있다면 그것에 어떻게 반론을 제기할 것인가가 궁금하다.

우리나라의 초창기부터 제5차 사회과 교육과정 개발 및 그에 따른 교과서 개발까지에 있어서, 제대로 기초연구를 하고 학계의 합의를 확실하게 도출시킨 상태에서 산출물이 나온 사례를 들기가 거의 어렵다. 훗날의 예리한 후학들이 이에대해 비판을 하기 시작하면 무엇이라고 말할지가 자못 궁금하다.

둘째로, 우리의 사회과 교육을 이끄는 철학이 정립될 것이 요망된다. 이시대가 당면한 가장중요한 사회과 교육적 주제(issue)를 분명히 정립해놓고 그것을 집요하게 추진할 때에 사회과 교육의 학문적 위상이 명료해지고 학문적 정통성도 높아지는 것이다. 필자는 현대의 한국사회과 교육에 있어 앞으로 그것을 학계의 합의를거쳐 보다 구체화시켜야 하겠지만, 일단 개인으로서 견해를 펴면 그것을 필자가 쓰는 용어인 "하나사상"으로 하면 어떨가 한다. 왜냐하면 요즈음 우리 사회에 당면한 가장 중요한것은 분단된 민족의 통합이며, 더군다나 분단된 남쪽지역에서 지역, 종교, 학력,

씨족, 성별, 계층 등에 의해서 때로는 격렬히 때로는 암묵적 갈등을 꾸준히 일으키고 있음을 볼 때에 민족을 하나로 뭉치는 사회과 교육이 절실히 필요하다고 보기때문이다. 화석화, 고정화, 상투화된 판에박은 도식적 남북관계 연구를 벗어난 신축성 있는 연구가 통일정책을 위해서 절실히 필요하듯이, 민족의 미래를 묶는 통일교육에 있어서도 탄력성있는 접근을 항상 요망된다.

셋째로, 지금까지 사회과와 도덕과가 나뉜 한국적 학문현실에 터하여 사회과 교육학계는 이념교육은 도덕과가 떠맡는 것이고 사회과는 그것과 관계가 없는듯한 생각을 가졌던 흐름이 고쳐져야 하겠다. 도덕과는 도덕과대로 할 일이있고, 사회과는 사회과대로의 이념교육이 있는데, 지금까지 사회과교육계에 있어서는 일종의 학무문적 직무유기(?) 상황에 있었다는 비판을 면하기 어렵다고본다. 앞으로는 이에대한 논의가 필수적으로 요망된다고 보며, 많은 논문이 나오길 기다려야 할 것이다. 특히 유의할것은 사회과의 입장에서는 도덕과와는 무엇인가 다른것으로서의 사회과다운 이념의 개발과 연구가 확실히 요망된다는 점이다.

제 5 장 정치와 사회

1. 정치와 사회

인간은 정치적 동물이므로 정치단위체와 고립하여 존재할 수 없다. 인간은 정치를 필요로 하지않는 신도 아니요, 정치가 불가능한 하급동물도 아닌 중간 존재이므로 정치를 필요로 한다고한다. 아리스토텔레스를 인용하지 않아도, 오늘날 싫으나 좋으나 사회속에서 생활하는 인간은 정치체제에 속하여 살아가기 마련이며, 직접·간접적으로 정치의 영향으로부터 벗어날 수 없다는 사실은 너무나 자명한 현실이다.

특히 정치의 극소화사상의 지배시대였던 근대 초에 '가장 적게 하는 정치가 좋은정치'라고 하여 개인주의와 방임주의를 표방하던 근대자유주의 시대와는 대조적으로 모든문제의 '정치화' · '사회화'시대인 현대사회에서는 과거 그 어느 시대보다도 모든인간생활이 정치와 깊은 관계를 갖게 되었다. 경제·사회·문화·과학 등 모든분야의 정책이 정치과정을 통해서 형성된다는 점을 보더라도 모든 영역이 정치의 영향을 받고있음을 알 수 있다. 그래서 정치가 잘 될때 국민은 행복하며 정치가 실패할때 그 결과의 피해는 국민이 받게 되는것이다. 여기서 정치의 중요성을 다시 한번 실감하게 되는것이다.

정치는 사회적 질서를 유지하는 일을 담당한다고 했다. 사회적 질서를 유지하기 위해서는 인간의 행위를 통제하는 규제가 반드시 필요하게 된다. 인간사회는 어째서 이러한 구조치나 통제를 가져야 하는가? 이것은 인간과 사회의 관계를 규명하는 가장 근본적인 문제의 하나이다. 이간은 본래 누구도 남의통제를 받기 싫어하기 때문이다.

그러나 극단적인 무정부주의자를 제외하고는 이러한 통제의 필요성을 부인하는 사람은 아마 없을것이다.

우리는 사회질서가 주로 폭력과 사기행위로 파괴된다는 사실을 잊어서는 안된다. 비합리적인 힘의행사, 착취의 횡행, 비합법적인 감정의 발동은 언제나 사회적 질서를 위협한다. 이러한 파괴적인 행위의 횡행을 방임한다면 결국 인간생활은 '만인에 대한 만인의투쟁' 으로 변할 것이며, 그러한 사태는 합리적·비합리적 또는 무궤도한 계산에서 생기게 된다. 이러한 파괴적 행위는 이상에서말한 능동적 행위로만 그치는 것이아니다. 그것은 수동적 행위, 다시 말해서 무관심에서도 생긴다, 무관심은 생의의욕 자체까지 부인하게 되면, 생의의욕의 부인은 넓은 의미의 사회적 창의성과 생산성의 감소를 초래하며 드디어는 사회전체의 멸망을 가져온다.

「정치적 동물」로서 태어난 인간은 누구나 이 세상에 태어나면 어떤 정치의 세계에서 살게마련이다. 그러면 그 정치의 세계란 대체 어떻게 되어있는 것일까? 정치의 세계는 대체로 다음과 같은 세개의 정치권으로 구성되어 있는것으로 볼 수 있다.

그 첫째는 광역적인 정치권으로서, 그것은 세계의 인류가 살고 있는 이 「지구」 그 자체이다. 이것은 가장 거대한 정치권인데, 이 지구상에는 크고 작은 여러가지 형태의 국가라고 불리우는 인간집단이 혹은 우호적으로 혹은 적대국으로 서로 어떤 모양의 교섭을 하면서 공존해 간다. 광역적인 정치권이란 비로 이와같은 여러 국가가 공존해가는 국제적세계를 말한다.

둘째는 중역적인 정치권이라고 부를 수 있는것으로서, 이것은 지구상에 공존하고있는 각 국가 그 자체이다. 이런 의미에서 미국은 하나의 독립된 정치권이며, 우리나라도 역시 하나의 독립된 정치권이다. 이 정치권 내부에서도 사회구성원들은 다소간의 대립과 투쟁의 계기를 안고서 서로 공존해 가는것이 보통이다.

셋째의 정치권은 협의적인 정치권이라고 부를 수 있는것으로서, 이것은 각 국가의 정치적 상층 또는 정치성을 띤 각 사회단체의 상층 그 자체이다. 이것은 정치가 또는 실권자라고 불리는 사람들이 끊임없이 권력을 수중에 넣으려고 광분하는 세계이다. 그러면 이와같은 세개의 정치권에서 「정치」는 과연 어떤 형태로서 나타나는 것일까? 첫째의 정치권에 있어서의 정치는 국력, 그 중에서도 특히 군비에 뒷받침된「외교」로서 나타난다. 외교란 다른 나라와의 교섭에 있어서 자기나라의 존립을 주장하고, 그 이권과 국가이익을 옹호코자 하는 국가 그 자체의 활동이라고 볼 수 있다. 이것에 대해서 중역적인 정치권에서의 정치는 국내정치, 즉

「내정」의 형태로 나타난다. 내정이란 한편으로는 ① 대외적 안전, ② 내부적 질서, ③ 정의, ④ 일반복지, ⑤ 자유 등과같은 일반적 목적을 가지는 동시에 또한 그 정권을 유지해 가려고 노력하는 정치의 활동이라고 볼 수 있다.

끝으로 협의적 정치권에서의 정치는 「통솔」이라고 부를 수 있는 형태로 나타난다. 통솔이란 각 집단들이 상층에 있는 한 사람 또는 소수의 가장 중요한 자리에있는 인물이 자기의 동료와 부하들을 여러가지 방법으로 자기의 지배내지 지도하에 확보함으로써 그 지위를 오랫동안 보유해 가기위한 노력이다. 그런데 이 세개의 정치권과 또한 그것에 대응하는 세 개의 정치형태는 결코 따로따로 떨어져서 존재하는 것이아니라, 언제나 서로 긴밀하게 연결되어 하나의 구체적인 정치적 세계를 구성하는 것이다.

이상을 종합해서 생각해 볼 때 정치는 인간사회의 질서를 유지함을 목적으로 폭력과 사기등을 통제하고 파괴적 무관심을 제어한다.

2. 정치권력

1) 정치권력의 개념

권력이 정치의 기본개념임에는 틀림없으나 권력의 개념규정은 쉬운일이 아니다. 그 이유는 권력현상이 다의적이고 막연한 데가 있기때문이다. 권력이란 상품이나 에너지와 같이 눈에 보이거나 측정이 가능한 것이 아니라 인간의 심리와 의식과 직결되는 비합리적이고 추상적인 측면을 지니고 있다고 Merriam이 지적했듯이 권력에 대한 명확한 정의를 내리기란 매우 어려운일이다.

Weber는 권력을 '자기의사를 타인에게 강요할 수 있는 의지'라고 하였고, Russell은 물리학의 기본적 개념이 에너지이듯이 사회과학의 근본적 개념은 권력이라고 전제하고 권력이란 '의도한효과를 산출해 내는 힘'이라고 규정하였으며, Morgenthau는 정치현상을 권력의 보유·확장·과시현상이라고 규정지었다. Lasswell도 권력이란 '한 사람이 다른 사람의 행동을 지배하고 결정할 수 있는 능력'으로 이해하였고, 기 후 Robert Dahl은 정치학이란 권력의 형성·배분·행사과정을 연구하는 경험과학이라고 한 Lasswell의 명제를 인용하였다. Dahl은 강제력으로 타인을 복종시키는 능력, 즉 개인이나 집단이 소유하는 가치를 박탈하거나 박탈하겠다고 위협함으로써 남의 행동양식을 통제할 수 있는 능력을 뜻하며, 바로 그 강제력 혹은 제재력행사가 권력과 일반적인 영향력과의 차이점이라고 하였다.

결국 정치권력은 첫째로, 2인 이상의 행위자간의 상호관계에 발생되며, 둘째로 타인의 의지와 행위에 변화를 강요하는 강제력 또는 제재력이 수반되는 특징을 갖는다. 그러나 권위없는 단순한 물리적 강제력은 파괴적 폭력이라고 MacIver도 지적했듯이 정치권력의 특질은 강제력의 독점만이 아니라 국민의 동의와 지지를 바탕으로 한 정신적·이념적 정통성이 수반되는 동시에 조직화 된 권위적 권력이어야 한다. 단순히 조직화된 물리적 강제력은 갱단이나 폭력집단의 특징이기도 하기 때문에 그러한 집단과는 달리 정치권력은 정통성의 유무가 중요한 요인이 된다. 역사적으로 주장해 온 학자들은 권력개념을 다음의 두가지 개념으로 설명하고 있다.

(1) 권력의 실체설

권력을 지배자나 지배집단 수중에 들어있는 실체로 보는 견해이다. 즉 다수의 대중을 지배하기 위하여, 소수의 지배층이 물건과같이 소유하는것이 권력이라고 보는 개념이다. 이러한 실체개념의 대표적 인물로는 홉스, 스피노자, 막스, 레닌, 스탈린, 히틀러 등과같은 유럽의 철인과 정치인을 들 수 있다.

막스는 정치력이란 자본주의계급이 독점하고있는 실체라고 하였고 이탈리아의 모스카는 또 미개발사회이건 개발사회이건 간에 정치권력은 지배계급이 독점하여 다수를 지배해 왔으며 따라서 권력이란 개인이나 소수집단이 소유하는 실체라고 하였다. 예를들면 '권력을 장악하다', '권좌에 앉는다', '권력을 빼앗겼다', 등의 표현은 권력의 실체개념을 나타내는 말이다. 따라서 지배층만을 중시하고 국민의 의사를 간과하는 실체개념은 전제국가, 절대주의국가, 권위주의국가, 개발도상국가의 정치에서 나타나는 권력현상을 가리킨다고 할 수 있다.

(2) 권력의 관계설

권력을 치자와 피치자간의 상호의존관계로 보는 견해이다. 즉 권력을 물건시하는 실체적 개념과는 달리 권력의 성립조건에 중점을 두는 관계개념설은 피치자의 동의가 있을때만 지배자의 권력행사가 가능하다는 이론이다. 즉 권력이란 마음대로 자리를 바꾸는 하나의 물건이 아니라 권력을 위임한 국민의 지지가 계속되는 한 지배층이 권력을 유지할 수 있고 그 지지가 중단되면 권력의 행사권도 중단되는 하나의 과정현상으로 보는개념이다.

권력이란 권력주체인 지배자와 권력객체인 국민과의 상호작용으로서 적극적이건 소극적이건 국민이 자발적인 복종의지 혹은 지지가 없이는 권력주체가 형성될 수 없다는 관계설의 대표적 인물로는 Locke, MacIver, Easton, Lasswell 등의 영미학자들을 들 수 있다.

실체설은 제도론에 정착하기 쉽고 권력의 정태적 파악에 그치는 반면에 관계설은 리더십·전략전술·인간관계 등 권력의 동태적 파악을 시도한다고 볼 수 있다. 그러나 국민의 동의를 경시한 실체설과 지배층의 강제적 요인을 무시한 관계설은 각기 정치권력 현상의 일면만을 파악한 개념이라 하겠다. Friedrich는 말하기를 강제가 동의를 낳게 하고, 동의에 의하여 강제력 행사가 가능해지는것이 정치적 현실이므로 정치권력이란 실체와 기능, 강제와 동의를 포함하는 전체적 개념이어야 한다고 하고 다음과 같이 정의를 내렸다. 권력이란 지도자와 피지도자가 공동목표 달성을 위하여 한 쪽은 강제에 의하여 다른 한쪽은 동의에 의하여 단결된 인간관계이다.

2) 권력과 관련된 용어

권력에 관한 연구가 지연된 원인을 흔히 영향력·힘·지배라는 용어를 권력개념과 혼동하여 왔고, 그러한 단어들이 너무나도 상식적인 용어였기 때문이라고 해석하는 학자도 있다. 그뿐만아니라 권력·영향력·권위·힘·지배라는 용어들은 무형적이고 유동적이며 추상적이어서 관철하기도 힘들고 함축성도 많은 개념이기 때문에 학자마다 제각기 다른 의미를 부여해 왔다. 그러므로 여기서 영향력과 권위를 권력개념과 관련지어 설명하고자 한다.

(1) 권력과 영향력

권력은 넓은 의미에서 영향력이라고도 할 수 있으나 단순한, 영향력은 아니다. 영향력이란 행위자가 타인이 자기행위에 대한 반응을 보이든 말든 관계없이 영향을 미치는 결과를 말하지만 권력은 행위자가 자기의 의도를 타인에게 적극적으로 강요하며 타인의 반응에 관심이 큰 행위이다. 그래서 타인이 행위자의 의사를 거역할 때는 강제력이나 제재력을 동원하는것이 권력의 본질이다. 영향력은 권력과는 달리 제재력의 위협이나 어떤보상의 약속이 없이도 성립되는 현상이다. 따라서 행위자가 타인의 가치박탈을 위협하고 강제력을 행사할 때 영향력은 권력으로 변하는것이다.

예를들면 영국이 로디지아의 소수 백인정권을 지지하면(짐바브웨 독립국이 탄생하기 직전) 나이지리아는 국내영국의 자산을 국유화한다고 위협한 행위는 권력을 의미하며, 한 국가 대통령이 외채절감을 위하여 불필요한 소비억제를 호소한 결과 국민이 그 호소에 응하면 그것은 영향력이다.

영향력은 공직자만이 독점하는 현상이 아니다. 조직화된 이익집단이 특정이슈에 대한 반대를 위협함으로써 정책변화에 영향을 미칠 수 있고 혁명적 혹은 테러운동에 의한 계속적인 폭력의 위협으로 가치분배에 변화를 가져올 수도 있다. 그와같은 영향력은 재력·정보·설득수완·무기·조직력·고위직책·강력한 동기등에 따라 그 정도의 차이가 생기지만 가장 강력한 영향력을 소유하는 사람은 역시 정책결정자이다. 그이유는 정책결정자는 권위를 갖고 있기때문이다.

(2) 권력과 권위

권위란 정당한 법적절차에 의하여 선출된자의 권력과 영향력을 행사할 수 있는 권한을 말한다. 즉 공식적 권력을 뜻한다. 권위를 획득하는 방법은 국가마다 다르나 민주주의국가에서는 선거나 혹은 선출된 공직자에 의한 임명절차를 정당한 선출방법이라고 한다. 즉 권위야말로 권력의 정통성을 부여한다는 뜻이다. 즉 권위란 지배자에 대한 국민의 자발적인 복종 혹은 동의의 요인이 되며 그것은 국민이 지배자의 권력의 정당성을 인정하기 때문이다.

지배자와 국민간의 공통적 가치에서 생성된 권력일 때 국민은 지배자의 물리적 강제력행사에 자발적으로 승복한다. 그것은 정당한 절차로 획득한 권력은 권위적인 권력이기 때문이다. 그래서 권위를 "정당한 권력" 혹은 '제도화된 권력'이라고도 부른다. 결론적으로 정치권력은 강제와 권위라는 이중구조로 성립된다. 어떤 정치권력도 다수국민이 정당한 권력으로 인정하고 그 권위에 대하여 자발적으로 복종할 때 지배가 가능해지므로 무솔리니·히틀러·스탈린과 같은 독재자도 권력의 정당화에 신경을 썼던 것이다.

3) 정치권력의 통치수단

정치권력의 획득·유지·확대는 국민의 복종과 지지가 없이는 불가능하다. 따라서 통치자는 끊임없이 국민의 지지를 얻기 위한 각종 지배수단을 동원해야 한다. 과거 히틀러도 국민의 지지를 얻기위한 공작을 했다는 것을 볼 때 전체주의체제의 정치적 안정도 무조건 보장되었던 것이 아님을 알 수 있다. 따라서 여기서는 합법적인 정권이건 비합법적인 정권이건 국민의 복종을 도출하기 위하여 동원되는 설득적인 방법과 강제적인 방법을 설명하고자 한다.

(1) 설득적 방법

폭력이나 가치박탈의 위협과 같은 물리적 수단이 아니라 설득적인방법으로 국민의 지지를 얻기위한 통치자의 지배수단으로 다음의 세가지를 지적할 수 있다.

① 합리적 설득 - 자율적 복종

합리적 설득방법이란 국민의 이성에 호소하여 권력의 정통성을 납득시키려는 지배수단을 말한다. Merriam은 이러한 합리적 설득을 권력의 credenda라고 불렀다. 정치지도자의 연설, 정부백서, 정당의 선전자료 등이 합리적 설득의 예가 된다.

합리적 설득방법은 지연, 혈연을 떠나서 객관적 판단을 할 수 있을정도의 국민의 정치적 의식수준이 선행될 때 효과적이다. 그러나 현실적으로는 정치적 무관심층, 혁명세력, 반체제집단 등이 있어 합리적 설득은 정권의 지지층과 중도파에게나 효과적으로 적용될 수 있는 방법이다. 물론 정통성이 결여되는 정권일 경우 합리적 설득방법으로 효과를 거두기란 힘든일이다.

② 전통적 관습에의한 설득 - 맹목적 복종

전통적인 관습을 상징적 조작으로 국민의 감정에 호소하여 타성에 의한 복종을 도출하는 통치수단을 말한다. 이것을 Merriam은 miranda라고 불렀다.

봉건사회에서는 대체로 정치에 무관심하였으나 전통과 관습을 중요시하였기 때문에 혈연과 지연을 통하여 통치자는 국민의 복종을 쉽게 얻을 수 있었다.

그러나 현대사회에서는 전통적 관습에대한 신념체계가 약화되어 전통적·보수적 가치체계가 동요되면서 대중속에 anomie(사회적 무질서)현상이 나타나 자기상실증·불안감·무력감 등의 심리적 혼란상태에 빠지게되자 통치자는 전통과 관습을 재편성하여 국민의 감정에 호소하는 방법을 사용하게 되었다. 국기·문장·이데올로기 · 신화 · 제복과 같은 물적상징과 의식·집회·제사·시위행진 등의 행동적 상징의 조작으로 국민의 감정에 호소함으로써 국민의 충성심을 자극시켜 복종을 도출하는 통치수단이다.

③ 보상적 설득 - 공리적·타산적 복종

보상적 설득이란 각종 정신적·물질적 가치를 부여함으로써 인간의 이기주의·명예욕·허영심 등을 이용하는 통치수단이다. 이와 같은 가치부여 혹은 보상적 설득방법은 국민의 공리적 복종을 도출하게 된다.

보상적 설득은 인간의 약점을 이용하는 원시적인 방법이기는 하지만 의외로 비교적 안정된 정치사회에서도 효과적 통치수단이 되고있다. 특히 경제적으로 빈곤한 사회에서는 적은보상으로 실효를 거두는 방법으로서 보통 토지분배, 각종 공공요금의 인하, 영농자금지원과 같은 경제적·물질적 가치부여 뿐아니라 훈장과 표장 등 인간의 명예욕에 호소하는 사회적·정신적 가치부여는 효과적인 통치수단으로 인정되고 있다. 보상적 설득은 약속만으로도 효과적일 때가 있는데 그예로서는 감세·보조금 지원·건설 등의 선거공약을 들 수 있다.

(2) 강제적 방법

이상에서 설명한 설득에 의한 방법으로 국민의 지지나 복종을 얻지 못할 때 물리적 강제력을 독점하고 있는 통치자는 위협·체포·감금·사형 등의 물리적 힘으로 국민을 다스리게 된다. 이와같은 강제적 방법으로 국민의 복종을 도출하려는 통치수단으로 다음의 세가지가 있다.

① 가치박탈에 의한 강제

보상적 설득과는 정면으로 반대되는 방법으로서 국민으로부터 경제적·사회적 가치를 박탈하거나 박탈하겠다는 위협으로 중립자나 반대파의 복종과 지지를 얻으려는 통치수단이다. 그 예로서는 고용의 거부·좌천·파면·승진거부·세무사찰·재산몰수 등의 방법으로 국민이 가치박탈에 대한 공포심에서 복종하게 되는 방법이다.

② 심리적 폭력에 의한 강제

인간의 육체에 대한 직접적 폭력이 아니라 조건반사의 원리를 이용하여 인간심리에 폭력을 가하며 국민의 복종을 강요하는 방법이다. 위협·과장·공갈·협박 등의 심리적 폭력이 전형적인 방법이며 이러한 통치수단에 의한 국민의 복종이란 공포심에서 도출된 것이므로 진정한 지지라고는 할 수 없다. 과거에 나치즘과 파시즘과 같은 전체주의체제에서 흔히 사용되었던 수단이다.

③ 물리적 폭력에 의한 강제

노골적인 물리적 강제력 행사로 반대파를 제거함으로써 정권의 기반을 강화하려는 통치수단이다. 물리적 강제력은 군대와 경찰이 행사한다. 항상 물리적 폭력으로 공포에 의한 국민의 복종을 도출하여 유지되는 정권은 안정된 권력이라고 할 수 없다. 물리적 폭력은 반대파의 수를 증가시켜 사회가 더욱 불안해지기 때문이다. 통치자의 빈번한 폭력행사는 실정의 증거이며 정권의 붕괴 직전에 나타나는 양상이므로 정치적 긴급사태수습에 응급책 이외에는 남용해서는 안 될 지배수단이다.

4) 정치권력의 정통성

지배 · 복종관계를 유지시키는 정치권력에 관한 연구 중에서 아마도 가장 근원적이고 중요한 이슈는 정치권력의 정통성의 문제일 것이다. 민주주의이념과 제도를 온 인류가 최상의 보편적 가치로 인정하게 된 오늘날 공산주의 국가에서도 정당이나 선거절차 와같은 민주적 의식을 갖추고 있는것과 마찬가지 논리로 절대군주주의 시대의 군주도 무솔리니와 히틀러 같은 무법자들도, 공산국가의 독재자 스탈린도 정치권력의 정통성을 인정받기 위하여 그들의 불법적 폭력행위를 은폐하려 했던 것이다. 그것은 정치권력의 정통성이 있으므로 해서 비로소 통치자의 지배를 가능케 하기 때문이다. 국민은 통치자의 물리적 폭력이나 위협때문에 보다도 정치권력의 합법성와 정당성을 인정할 때 지배자에 대한 자발적인 복종을 하게 되며 동시에 정치체제의 안정도 유지될 수 있다. 따라서 통치자는 정치권력의 유지와 확대를 위하여 권력의 정당성을 국민에게 인식시키기 위하여 온갖수단을 동원하게 된다.

이와같이 지배자의 권력을 국민이 합법적이며 정당하다고 인정하는 근거를 정치적권력의 정통성이라고 부른다. 즉 정치체제의 정통성은 국민이 기존정치제도가 합법적이며 정당하다고 인정할 때 성립된다는 말이다.

(1) 정통성의 유형

그러면 정치권력의 정통성은 어떻게 성립되는가? Webber는 세가지 '정당한 지배' 유형을 들고 있다. 즉 다음의 세가지 지배유형이 정통성을 인정받는 유형이라는 뜻이다.

① 전통적 지배의 정통성

오랜전통이나 관습이 통치자의 지배에 정당성의 근거를 두는 경우를 말한다. 즉 오랜시일에 걸친 전통과 관습 때문에 습관적으로, 무의식적으로 국민이 정치권력의 정통성을 인정하게 된다는 뜻이다. 전통적 정통성은 어떤법규에 대한 국민의 복종이 아니라 전통적 절차에 의한 권위적 지배자에 대한 복종에서 성립된다. 전통적 지배에 대한 정통성은 군주주의시대의 전형적 예라 하겠다.

전통적 지배하에서는 '전통' 그 자체가 최고의 권위이며 지배자와 피지배자가 똑같이 그 권위의 구속을 받는다. 그래서 그러한 역사적 전통의 옹호라는 구실아래 지배체제의 혁명이 아닌 전통을 무시하는 지배자의 교체를 목적으로 반란이나 혁명도 발생할 수 있다. 따라서 전통적지배는 일상적·역사적·지속적인 것을 중시하는 인간의 심리적 타성에서 정당성을 찾으려고 하는 것이다. 이는 봉건사회의 현상이었으나 어느시대 에서나 조금씩 나타나는 현상이므로 경시할 수만은 없는 정통성의 유형이다.

② 합법적 지배의 정통성

합법적 지배체제에서는 피지배자가 지배자의 자질때문이 아니라 지배자의 합법적인 통치권때문에 권력의 정통성을 인정하는 것이다. 지배자의 권력행사가 법률에 근거를 둘 때 국민은 그 권력의 정당성을 인정하게 된다. 그 이유는 민주사회에서의 법이란 다수 국민의사의 표현이므로 그러한 법적절차에 의한 합법적 지배는 정당하고 그러한 지배에대한 복종은 당연하다고 납득하기 때문이다. '전통'이라는 비합리적 정당성과 '카리스마'라는 비영속적이며 불안정한 비합리적 정당성에 비해 '법'에 의한 합리적 지배는 안정되고 지속적 정당성을 국민에 의해 인정받게 된다. 이는 현대국가의 지배유형이다.

③ 카리스마적 지배의 정통성

통치자개인의 초인간적·천부적 자질, 능력, 계시, 영웅성이 근거가되어 피지배자가 지배자의 권력의 정통성을 안정하게 된다는 뜻이다.

카리스마적 지배에서는 국민이 지배자의 '사명'을 인정한다는 것이 결정적 특징이다. 피지배자가 종교와같이 의지하고 믿던 지배자가 그 사명을 다하지 못할때 정통성은 쉽게 무너진다. 그러나 지배자의 '카리스마'자체가 권위의 원천이 되어서 지배자의 정치권력의 정통성을 피지배자 스스로가 인정하는 것인만큼 강요된 것은 아니다. 즉 카리스마적 지배자와 그의 추종자간에는 신뢰와 헌신관계가 형성되는 것이다. 카리스마적 지배는 흔히 전쟁이나 혁명과 같은 사회적·경제적 혼란기에 볼 수 있는 현상이다. 따라서 정통성의 근거로서의 '카리스마'는 불안정하고 비영속적이다.

앞서 지적했듯이 지배자가 피지배자의 기대를 만족시키지 못하고 '카리스마'를 상실하면 그야말로 비참하다. 나폴레옹, 히틀러와 같은 카리스마적 지배자도 집권기간에는 국민의 복종을 도출해 낼 수 있었으나 그들의 정책이 실패했을 때 국민은 그들을 통렬히 비판하였다. 스탈린사후의 격하운동, 모택동사후 그에대한 비판 등은 카리스마적 지배자의 한계성을 드러내는 좋은 예이다.

이상의 Weber의 '정당한 지배'유형의 정통성문제는 정치권력 획득 이후의 지배수단의 정당성에 대한 논의이며 정권 획득방법의 정통성의 문제가 소외되었다. 정치권력의 정통성은 정치권력의 획득과정의 정당성과 집권후의 지배방법의 정당성을 나누어 고출해야 할 것이다.

합법적인 절차에의한 정치체제는 자동적으로 정통성을 지닌다. 그러나 집권한 후의 정치체제의 효율성 여하에따라 그 정통성을 중지시킬 수도있다. 즉 국민에게 구체적인 이익을 제공하는 업적이 없을 때 정통성을 상실할 수도 있다. 이러한 지배수단에 대한 국민의지지를 '수단적 정통성'이라고 부르기도 한다. 그래서 비단 쿠데타나 혁명에의한 정권이라 해도 정치체제의 효율성, 즉 국민이 추구하는 가치에 대한 효율적 배분정책이 이루어질 때 정통성을 인정받게된다. 이것은 정치적 효율성, 혹은 '수단적 정당성'이 정권의 정통성을 낳게할 수도 있다는뜻이다.

(2) 정통성의 근거

정통성의 근거의 내용은 역사적으로 변해왔다. 봉건사회에서는 '천명'이나 신권 등의 초인적인 요소가 권력의 정통성의 근거였으나 프랑스 혁명 이후 자유주의사상이 타인에 의한 지배를 거부하게 되었다. 그러나 "국민전체가 정치권력을 행사할 수 없기 때문에 국민의 동의에 의한 정통성의 근거가 객관적으로 요청된다." 고 Mosca도 지적했듯이 '국민의사에 의한 지배'의 정통성의 근거를 대표·다수결·의회의 입법, 법의지배를 제도화한 대의민주제에의하여 실현시키게 되었다. 즉 대의제적 지배는 제도상 국민의사(동의)에의한 지배를 보장해 준다고 국민이 믿기 때문에 정통성의 근거가 되는 것이다. '국민의사(동의)에의한 지배'라는 합리적 정통성의 근거는 근대이후 가장 기본적이고 보편적인 정통성의 근거가 되었다. 한편 이미 지적했듯이 국민의 동의에 의한 정당한 정치권력이라 해도 수단적인 정통성, 즉 지배방식(정치체제의 효율성 혹은 국민의 가치에 대한 분배정책의 내용)에 따라 국민의 지지도가 결정된다. 정치권력의 정통성은 정상적인 권력의 기능화를 가능케 하는 중요한 요소가 된다. 따라서 정치권력에 의미를 부여하는 관건은 지배층이 아니라 피지배층인 국민이 장악하고 있는 것이다.

5) 정치권력의 변동과 혁명

통치자는 권력을 유지하고 강화하려는 반면에 국민은 지배층을 견제하고 통제하며 합리적·합법적 통치를 요구한다. 통치자의 권력은 국민이 부여하고 또 국민이 박탈할 수 있다는 의미에서 정치권력은 그 자체의 절대성이나 불변성을 주장할 수 없으며 항상 교체될 가능성을 내포하고있다.

따라서 정치권력의 변동양식으로는 첫째로, 합법적·평화적 방법으로 선거라는 절차에 의한 정권교체 양식과, 둘째로 강제적 폭력에 의한 비합법적인 방법으로 쿠데타나 혁명에 의하여 정치사사회체제의 근본적 변혁을 가져오는 양식을 들 수 있다.

(1) 쿠데타

쿠데타라는 불어는 직역하면 국가에 기습적으로 일격을 가한다는 뜻이다. 오늘날 쿠데타는 대중과는 관계없이 권력층내의 정치적 이해관계의 대립이나 정권장악의 목적으로 군·경의 일부를 이용한 폭력적이며 불법적 권력쟁탈행위라고 규정한다.

쿠데타는 ① 정치, 사회, 경제제도의 근본적인 혁명보다는 지배층내 파벌간의 권력투쟁으로 일어나는 친위쿠데타, ② 교조주의적 전투정당에 의한 대중적급습, ③ 군이 주동세력이 되어 일어나는 군부쿠데타의 셋으로 나눌 수 있다. 군부쿠데타는 군의 묵시적 지지나 중립이 없이는 성공할 수 없으며 그밖에 쿠데타의 성공요인으로는 정치지도층의 태도와 외국정부의 입장을 들 수 있는데 때로는 초기에 성공한 쿠데타도 국내의 여론의 반대로 실패하는 예도있다.

쿠데타는 비밀리에 계획되어야 하며 기존정권의 정통성이 희박하고 권력이 독재자에 집중되어 있을 때 성공의 확률이 높다. 또한 확산된 국민의 불만이 쿠데타를 자극할 수는 있어도 대중의 지지는 받지못하는 것이 쿠데타의 특징이다. 쿠데타가 갖는 정치적 의의는 본격적 혁명의 시발점이 될 수가 있다는점과 성공적인 혁명의 기초현상의 진전을 방해하는 반혁명적인 구실을 할 수도 있다는점이다.

(2) 혁명

① 혁명의 특징

첫째, 혁명은 일반적으로 통치조직 자체의 변경을 포함한 정치체제와 사회질서의 급격하고 근본적인 변동을 의미하며 그 수단으로는 폭력을 사용한다. 또 Bastille 감옥의 탈출과같은 우발적 혁명과 도시게릴라, 파업 등 조직화된 전략에 의한 혁명으로 분류된다.

둘째, 쿠데타도 정권변혁의 목적과 폭력수단을 사용하는 점에서 혁명과 유사하다. 그러나 쿠데타는 국가사회체제의 근원적 변혁보다는 최고지도층의 교체 또는 개인의 권력장악이나 그에따른 이익획득을 그 목적으로 하며 혁명은 체제변혁과 사회구조전체의 변혁을 목적으로 하고있어 쿠데타와 혁명은 엄연히 구분된다.

셋째, 개혁은 점진적이며 비폭력적 방법에 의한 변혁인데 반하여 혁명은 폭력과 사회해체에 의한 급진적 변화를 뜻한다.

넷째, 혁명은 단순한 폭동이나 반란과 혼동해서는 안된다. 혁명의 목적은 정치사회질서의 근본적인 재편성이지만, 반란은 전통적 제도의 부활 혹은 사회에서 부당한 대우를 받는자들은 불평불만의 폭발현상이다. 이와같이 반란은 혁명의 반대양상을 지니고 있으나 때로는 그들의 불만이 전파되어 혁명으로 비화되는 수도 있다.

다섯째, 혁명은 반드시 이념이 수반된다. 기존 가치체계에 대립되는 새로운 가치와 목적을 제시하는 이념을 말한다. 혁명적 이념은 ㉠ 우선 기존질서의 악을 구체적으로 열거하여 무엇이 잘못되었고 왜 혁명이 필요한가를 설명해주는 비판적 이념이다. ㉡ 혁명이란 인간에게 희망을 약속해 주는 미래지향적인 것이므로 이상주의적 사회건설은 필연적이며 그 과정을 가속화시키는것이 혁명이라고 역설하는 긍정적인 이념이다. ㉢ 기존체제 타도를 위한 수단과 방법으로서의 혁명전략의 행동이념이다. 장기 · 단기 전략 전술의 개발로 도시중심 · 농촌중심 · 대중중심 · 엘리트중심의 혁명 전략을 들 수 있다.

여섯째, 혁명에서의 리더십의 역할에 대하여는 많은 논란이있으나 리더십없는 혁명은 상상할 수 없는 일이다. 혁명에 관하여 이른바 음모론과 대중 봉기론이 있는데 전자는 혁명을 소수엘리트의 오직 대중의 역할만으로 가능하다고 보는 긍정적 견해이다. 이두이론의 중간입장을 취하는 견해가 지도자를 혁명의 촉진자로 보는 주장이다. 즉 지도자는 혁명의 원인을 조작하는 것이 아니라 혁명요인을 혁명운동으로 전환시키는 역할을 한다는 견해이다. 따라서 혁명적 리더십은 모든 사회운동에서와 같이 이념을 형성하고 대중을 선동하여 궁극적으로 혁명을 주도하는 역할을 수행한다.

이상과같은 의미의 혁명은 크게 두유형으로 나눌 수 있다. 첫째로 외국의 식민통치체제를 타도하고 독립국가를 수립하는 민족주의 혁명으로서 미국독립혁명과 2차대전이후 세계도처의 식민지에서 일어났던 민족해방 혁명들이 그 예이다. 둘째로, 권력을 한 사회집단에서 다른집단으로 이전시킨 계급혁명으로서 영국의 청교도 혁명, 프랑스 혁명, 러시아사회주의 혁명, 쿠바공산주의 혁명, 중국공산주의 혁명, 멕시코 혁명 등이 그 예이다.

② 혁명의 원인

혁명이 발생하는 원인에 대하여는 여러가지 설이 있다. 혁명의 원인으로 경제적 요인을 지적하는 학자가 있는가하면 엘리트의 음모설을 주장하는 사람도있다. 그러나 오늘날 혁명에 대한 단일 원인설 보다는 복합적인 요인의 작용으로 보는 견해가 더많다. 혁명의 원인을 장기적인 요인과 중단기적인 요인으로 나누어 분석해 보면 장기적 원인의 결과는 몇 세대가 경과한 후에 혁명이 발생하며 중단기적 원인은 수십년안에 혁명을 유발시키게 된다는 것을 알 수 있다.

혁명의 장기적 원인으로는 다음과같은 요인들을 들 수 있다.

㉠ 경제성장: 경제성장은 사회분쟁을 오히려 약화시키는 요인이 된다. 그 이유는 빈부의 격차, 즉 부의 분배의 불평등성 때문이다.

㉡ 기술발전: 기술발달은 경제성장에 이바지하여 혜택받는 계층의 등장으로 불평등성을 유발한다고 믿는 사람이있다.

㉢ 과학발달: 종교적 측면을 과소평가하는 경향과 모든문제는 과학으로 해결될 수 있다는 사상이 전파된다.

㉣ 민주화: 민주화는 사회적 불평등을 해소하는 과정에서 상류층의 불만과 평등화의 속도가 지연될 때의 대중의 불만을 동시에 초래하는 경향이있다.

㉤ 세속화: 기존사회의 종교를 약화시킨다.

㉥ 현대민족주의: 통치자가 국가이익에 위배되는 정책을 수립하거나 사대주의 사상을 표방할 때 민족주의 감정이 혁명을 유발할 수도 있다.

이상의 장기적 원인은 혁명의 직접적인 원인이 아니라 간접적인 요인들이라 하겠다. 혁명의 중단기적 원인은 다음의 다섯 가지로 지적할 수 있다.

㉠ 경제적 요인: 혁명의 원인가운데 흔히 경제적 빈곤을 가장 중요한 원인으로 간주한다. 경제적 빈곤의 만연은 각종 사회범죄를 초래하고 그 결과 사회전반적인 혼란이 올 때 혁명이 일어난다는 논리이다. 그러나 경제적 빈곤만이 혁명의 단일 원인이 될 수는 없다. 프랑스 혁명은 경제적으로 번영하던 시기에 발생하였고, 미국에서는 1930년대의 세계적 경제공황시기에도 혁명은 일어나지 않았다는 역사적 사실이 증명한다. 그러나 경제적요인 가운데서도 장기간 경제발전을 누리다가 급격한 불경기에 당면했을 때 혁명의 발생가능성이 높다는 주장이있다. 그이유는 국민의 기대와 실제 보수와의 격차가 엄청나게 커지기때문에 대중의 불만, 좌절감, 소외감 등이 사회전체에 확산되어 그 화살이 정부에 집중되면서 혁명이 유발된다는 것이다.

㉡ 지식층의 이탈: 경제적요인에 못지않게 중요한 혁명의 원인이 정권의 정통성과 효율성을 공격하고 나오는 지식층의 사상적 반란이다. 정권의 정통성에 대한 대중의 신념체계를 흔들어놓는 역할도, 그렇게해서 형성된 대중의 불만을 조직화하여 혁명으로 유도하는 역할도 지식층이 담당한다. Briton도 혁명이 임박했다는 가장 신빙성있는 증거로서 '지식인의 반발'을 들었고 기존체제에 대한 회의를 공개적으로 표시할 뿐 아니라 대중으로 하여금 현체제의 부조리를 인식하게 설득하는것이 바로 지식층이라고 보았다. 그예로, 러시아혁명을 주도한 사람은 농노나 대중이 아니라 Krestinsky, Trotsky, Lenin 등의 지식인이었고, 왕정의 정통성에 도전한것도 미국 식민지나 프랑스 대중이 아니

라 루소, 로크, 몽테스키외와 같은 계몽주의철학가들이었다고 지적하였다. 지식층의 사상적반란은 갑자기 일어나는 현상이 아니라 처음의 비정치적비판이 정치적 비판으로 전환되면서 변혁에의 요구에 정부의 반응이 없을 때 대중과 손을잡으면 혁명이 앞당겨진다.

ⓒ 지배계급의 분열과 무능: 플라톤은 어떤 정부형태 하에서든지 혁명은 지배계급의 재분열에서 시작된다고 지적하였다. 단결된 지배계급은 군의 지지를 받게되며 따라서 그 어느세력도 감히 도전할 수 없다. 흔히 퇴폐적이고 무책임하며 분열되고 국민과 거리가 먼 지배계급은 도전세력에 대한 대응능력을 상실하게 되어 혁명이 불가피하게 된다. 따라서 혁명세력의 능력보다도 혁명전의 지배계급의 분열, 무능, 비능률이 혁명의 원인이되며 러시아혁명과 쿠바혁명도 그 좋은 예이다.

ⓓ 전쟁: 20세기를 혁명과 전쟁의시대라고 부른 레닌의 예언과같이 현대세계사는 전쟁의 혁명화와 혁명의 전쟁화를 경험하고 있다. 1차대전의 폐허속에서 러시아혁명이 성공하였고, 2차대전이후 중국공산혁명이 성공한 것을 볼 때, 전쟁과 혁명의 인과관계를 알 수 있다. 전쟁으로 인한 불만요소의 축적, 재정적위기, 그 밖에 심리적, 물질적 요인 등이 혁명적 분위기를 조성하게 된다. 1차대전이 아니었던들 볼세비키혁명은 성공할 수 없었을 것이며 중국 역시 국민당정권이 일본군에 패배하지 않았던들 역사는 달라졌을 것이다. 2차대전 이후 많은 식민지국가에서 혁명의 방법으로 독립할 수 있었던 것도 전쟁의 결과라고 보

아야 할 것이다.

㉤ 정권의 재정적위기: 흔히 혁명직전의 정권이 재정적위기에 봉착한다. 재정적위기는 정권의 부패와 무능의 표시이며 그 해결방법으로 국민의 과세부담을 증대시키면 그것이 혁명으로 이어진다.

③ 혁명의 단계

1789년 프랑스 혁명단계를 본받아 혁명은 세단계를 거친다고 알려졌다. Edwards와 Brinton의 세단계 접근모델을 소개하면 다음과 같다.

㉠ 온건파의 집권: 혁명직후의 제1단계는 조직화된 혁명세력에의한 정권의 타도라기보다는 구체제의 붕괴라고 보는 것이 옳다. 즉 혁명세력의 공세에 못지않게 구체제의 내부세력의 약화가 혁명의 초기승리의 원인이 된다는 뜻이다.

이단계에서는 상·중류층의 온건파가 득세하게 되며 이들은 혁명을 주로 정치적 사건으로 해석하고 사회전반에 걸친 혁명을 위하여 불필요한 유혈사태의 유발을 주저한다. 따라서 국내외의 반혁명세력을 과감하게 진압시키지 못한다. 또한 온건파는 군대의 정치화로 군의기강이 문란해지면서 초기 혁명세력 가운데 급진적 변혁을원하는 강경파가 온건파와 결별하고 군과 도시세력을 규합하게된다.

㉡ 강경파의 집권: 제2단계는 강경파의 쿠데타로 온건파를 축출하고 강경파가 집권하면서 테러정치를 감행한다. Edwards에 의하면 테러정치는 국민을 위협함으로써 반혁명세력을 사

전에 좌절시키고 무관심층의 지지를 동원하며 혁명세력의 사상을 공고히 하기위한 수단이라고 지적하였다. 그러나 보수주의자들에 의하면 테러정치는 혁명세력의 폭발전인 감정의 해소책이며 언젠가는 혁명이 실패할 때의 속죄양을 찾기위한 수단이라고 한다.

이시기의 강경파의 집권은 독재적이며 다음의 특징을 갖는다. 첫째, 정치·경제적 중앙집권화로 모든활동을 도시중심으로 전개시킨다. 둘째, 계급간의 갈등 · 지역간의 갈등 · 종교적 분쟁 등 사회적 갈등의 심화현상이 나타난다. 따라서 사회적 갈등은 혁명의 원인인 동시에 혁명의 결과이기도 하다. 강경파는 국내혼란과 외부세력의 간섭과 위협 때문에 반대파를 대거 숙청하게 된다. 특이한 현상은 그러한 강경파의 테러정치에도 만족하지않는 초강경팡가 대두된다는 사실이다. 그 예로서는 프랑스혁명의 Robespierre 테러정치를 비난한 초강경파가 있었고 1917년 러시아 혁명 때도 무정부주의자들과 극좌공산주의자들이 레닌의 혁명정신의 미온성을 공격한 사실이다.

ⓒ 정상회복 단계: 혁명의 최종단계를 thermidor라고 부른다. 그것은 프랑스 혁명달력으로 11월인 thermidor에 Robespierre와 그의 일당이 권좌에서 축출되어 처형을 당했기 때문에 thermidor라고 부른다. 최종단계, 즉 thermidor의 특징은 강경파의 제거, 과거에 숙청당했던 온건파의 복권, 정부통제의 완화로 혁명의 진정한 목적의 부각 등이다. 정상을 회복하게 되는데는 두가지 요인이 작용한다. 그 요인은 첫째, 혁명의 전개과정에서 오는 정신적·심리적·도덕적 피로가 심신의 탈진상태를 초래하여 초기의 혁명정신

이 해이해지는 점과 둘째, 새로운 엘리트의 등장으로 혁명의 목적의식이 희박해지고 주어진 권력의유지와 확대에 더 관심을 갖게 된다는 점이다. 이상의 혁명과정의 단계는 프랑스혁명을 모델로 하였기 때문에 농촌 중심의 중국과 쿠바혁명에는 적용이 될 수 없다. 그러나 어느 혁명에서나 급진파와 온건파가 있기 마련이며, 장기적으로 볼 때 온건파가 최종적으로 집권을 하게 되는 것이 보편적 현상이다. 1960년대 문화혁명이후의 중국사회에도 오늘날 그러한 양상이 전개되고 있다.

3. 정치 문화 · 정치 사회화

1) 정치문화

(1) 정치문화의 개념

인류학·사회학·심리학에 그 뿌리를 둔 정치문화라는 용어는 정치적 이데올로기·여론·외형적 개성 및 국민성 등으로 오랫동안 표현되어 왔다. 그러다가 정치문화라는 개념이 처음으로 정치학의 이론적 연구방법으로 논의되기 시작한 것은 1956년 G. A. Almond의 "비교정치체제"(Comparative Political System)라는 논문에서 비롯되었다. 그러나 Almond의 정치문화개념은 독창적이라고 보기는 어렵다. 왜냐하면 Talcott Parsons, Max Weber, Herbert Hyman, Tocqueville 및 Montesquieu, Bagehot 등과같은 학자들의 영향을 무시할 수 없기 때문이다.

정치문화란 지도자와 국민의 정치성향을 의미하므로 지도자의 행위에 중점을 두는 정치스타일의 개념보다는 더 포괄적 의미를 가지며 또한 정치문화가 명백히 정치적 뉘앙스를 내포하고 있다는 점에서 여론이나 민족성의 개념보다는 협의의 개념이라 하겠다. 정치문화는 행태적 접근방법이 개발되면서 자연적으로 등장한 개념이다. 그이유는 개인과 사회집단의 심리적 경향과 태도에 초점을 두는 미시정치학(micropolitics)와 정치체제, 제도와 기구의 기능, 공공정책의 효율성 등 사회 전체를 대상으로 하는 거시정치학(macropolitics)을 연결시켜 주는 역할의 필요성 때문이다. 그런 의미에서 심리학과 사회학을 정치학과 접목시킨 결과로 나타난 것이 정치문화의 개념이라 하겠다. 즉 현대형태주의 접근방법의 일환으로서 개인과 집단의 정치에 대한 현대심층심리학의 연구 결과와 대중사회에서 구성원의 태도 측정에 관한 사회학적 분석 방법을 동태적 정치분석에 적용하는 과정에서 정치문화의개념이 나타난 것이다. 정치문화의 개념은 매우 다양하다. Almond의 경우 정치문화란 정치정향, 즉 정치체제와 과정에대한 태도와 체제 내에서의 자아(the self)의 역할에대한 태도를 일컫는다. 고 보면서 '한 국가내의 정치대상에 대한 개개인의 제태도·신념·감정의 경향이라고 말했다. Sidney Verba는 정치문화는 정치적상황 속에서의 경험적 신념체계, 표현적 상징체계와 가치체계(the system of empirical beliefs, expressive symbols, and values)들로 구성되면 정치에 대한 주관적인 정향을 제공하는 것이라고 묘사했다. 또한 Lucian Pye도 역시 "정치문화는 정치과정에 질서와 의무를 부여해주고, 정치체제 내에서 행동을 좌우하는 근본적인 제가정과 규칙을 제공해 주는 제태도, 신념 및 감정의 총체"라고 정의하고 있다.

요컨대 정치문화는 ① 문화일반 속에서 정치체제나 정치과정,

그리고 정책결정에 대한 국민의 정치행태와 깊은 문화의 측면이라 할 수 있다. 다시말해서, 정치문화는 국민의 정치에대한 심리적·주관적 차원의 집합적인 형태를 말한다. ② 정치문화는 집합적인 정치체제사와 그 체제 각 구성원의 인생사의 산물이라고 볼 수 있다. 정치문화는 국가의 역사적·사회적·경제적 그리고 정치적 활동의 진행과정에 의해 형성되어 왔다. 과거 경험속에서 형성된 태도패턴은 미래의 정치행위에 중요한 영향을 끼친다. 결국 정치문화는 정치체제내에서의 개개인의 정치적 역할에 대한 행위에 영향을 미친다고 보는 것이다.

(2) 정치정향의 구성요소

정치문화란 쉽게말해서 한 사회내에 널리 퍼져있는 정치정향(political orientation) 패턴을 뜻한다. 정치정향이란 정치적 자극에 대한 혹은 특정 정치적 상황속에서 나타나는 개인이나 집단의 일정한 행동성향을 말한다. 따라서 정치문화연구의 핵심적인 분석단위는 정치정향이라 하겠다.

Almond와 Verba는 Talcott Parsons와 Edward Shils가 쓴 Toward a General Theory of Action에 담긴 문화개념을 활용하여 정치정향의 세가지 구성요소를 다음과같이 제시하였다.

① 인지적 정향(cognitive orientation): 인지적 정향이란 정치체제, 그의 역할 및 역할담당자, 정치체제에의 투입과 산출에 대한 지식과 신념을 말한다. 예를들면, 일반국민 개개인은 정치체제와 정치과정, 그리고 정치지도자와 당면 정치문제에 대해 비교적 정확한 지식을 가지고 있다는점이다. 이러한 지식이나 신념은 오랜 시일

을 두고 축적되어 확립된 것일 수도 있다. 단 이러한 정치적 인지의 양태는 사회마다 다르게 나타날 뿐 아니라 한 사회내의 계층에 따라 다르게 나타날 수도있다.

② 감정적 정향(affective orientation): 감정적 정향이란 정치체제, 그 역할 및 인물(personnel), 그리고 업무수행에 대한 느낌(feeling)을 말한다. 이용어는 각자가 지닌 정치적 인자나 지각(perception)에 대해서 감정적인 반응을 보이려는 경향을 가리키는 말이다. 이러한 감정은 긍정적일 수도있고 부정적 내지는 중립적일 수도있다. 또한 정치체제 전체에대한 감정적 반응이 있는 동시에 일부분에 대한 감정적 반응도 있을 수 있다.

③ 평가적 정향(evaluational orientation): 평가적 정향이란 가치기준과 가치기준을 정보 및 감정과 결합시킴으로써 이루어진 정치적 대상에 대한 판단과 의견을 말한다. 그래서 얼핏보면 인지적 정향과 감정적 정향이 합쳐진 경우를 뜻하는 것으로 잘못 알 수 있다. 그렇지만 평가적 정향은 ㉠ 인지적 및 감정적 정향의 정적 차원을 넘어 동적 차원, 즉 정치적 행위를 취하는 선택행위 라는 점, ㉡ 정치세계에는 인지적 정향이나 감정적 정향과는 정반대의 행위를 취해야하는 경우가 흔히 있다는 점에서 인지적 정향은 감정적 정향과는 구별된다. 이상에서본 세가지 요소는 사람에 따라 또는 사회에 따라 다시 차이는 있으나 한 사회의 정치문화는 국민 사이에 정치적 대상에 대한 인지적·감정적 및 평가적 정향 패턴으로 복합화·배분화 되어있으며 상호관련적이다.

(3) 정치문화의 유형

정치문화를 분류함에 있어서 중요한것은 개개인이 어떤 정치적 정향을 지향하고 있는지 또 어떻게 지향하고 있는지 그리고 이러한 정향들이 정책결정의 상향적 흐름내지는 정책시행의 하향적 흐름과의 관계에서 어떤 형태를 취하고 있는지 분명히 하는 것이다. 따라서 다음과 같은 사항을 탐지해 보면 개개인의 정치적 정향을 체계적으로 개발할 수 있다.

① 개개인이 국가 · 정치체제 · 역사 · 국가의 크기 · 위치 · 권력 · 헌법적 특징 등에 대하여 어떤 지식을 가지고 있는가? 그리고 이러한 체제적 특징에 대한 그들의 느낌은 무엇이며, 의견과 판단은 무엇인가?

② 개개인은 정책결정의 상향적 흐름에 연관되는 제구조와 역할, 각종 정치적 엘리트 및 정책제안에 대하여 어떤 지식을 가지고 있는가? 그리고 이러한 제구조, 지도자 및 정책제안에대한 그들의 감상과 의견은 무엇인가?

③ 개개인들이 정책의 하향적 흐름에 관련하는 제구조·개인 및 제결정에 대한 지식 · 감정 · 의견은 어떠한가?

④ 개개인은 정치체제의 멤버로서 자신을 어떻게 인식하고 있으며 그들의 권리 · 권력 · 의무 및 영향력행사를 위한 접근전략에 대하여 어떤 지식을 갖고있는가? 또 자신의 능력에 대하여 어떤 느낌을 갖고 있는가? 그리고 정치적 판단을 형

성하거나 의견에 도달함에 있어서 참여와 업무수행에 관해 규범을 인정하고 또 사용하고 있는가? 이상에서 본 바와같이 정치문화는 일반적 대상으로서의 정체체제, 투입과 산출과정 및 정치적 행위자로서의 자아에 대한 각기 다른 정도의 인지적·감정적·평가적 정향을 소유하고 있는 것이다. 이런 토대위에서 Almond와 Verba는 유형을 이념형 세가지와 실제형(현실형 또는 혼합형) 세가지로 분류하고 있다.

[표5.1] 정치문화의 유형

	일반적 대상으로서의 정치체제	투입대상	산출대상	적극적 참여자로서의 자아
향리적	○	○	○	○
신민적	/	○	/	○
참여적	/	/	/	/

(가) 이념형

㉠ 향리형 정치문화(parochial political culture)

위의표에서 보듯이 네가지 정치적 대상에 대하여 모두(○)반응을 보일 때, 즉 적극적 정향을 보이지 않을 때 Almond와 Verba는 향리적 정치문화(parochial political culture) 혹은 지방적 내지는 편협적 정치문화라고도 부른다. 향리적 정치문화에서의 일반국민은 대체로 정치체제나 중앙정부에 무관심하며, 정치세계도 그들이 거주하는 좁은지방을 벗어나지 못한상태이다. 또 이들은 정치체제나 중앙집권적 국가정책에의한 변화에대하여 기대감도없고, 국민의 정치참여는 저조하며 주로 피동적이거나 소극적 참여에 그친다.

결국 극단적인 또는 순수한 향리주의(parochialism)는 정치적 전문화가 최저의 상태에 놓여있는 단순한 전통적 체제에서 발생한다. 설사 좀 더 분화된 정치체제의 향리주의라 하더라도 대부분의 구성원들은 정치적 정향에 대해 인지적이기보다는 감정적이고 규범적이다.

ⓛ 신민적 정치문화(subject political culture)

두번째 정치문화 유형은 신민적 정치문화(subject political culture)이다. 이런 정치문화에서는 분화된 정치체제나 그 체제의 산출적인 측면에 대해서는 높은빈도의 전향을 나타내는 반면, 투입대상과 적극적인 참여자로서의 자아에 대한 정향의 빈도는 매우낮게 (○)에 가깝게 나타나고 있다. 신민형의 인간은 전문화된 정부의 권위에 대해서 알고, 거기에 대한 호감의 감정적 정향도 갖는다. 그리고 그 권위가 정당하느냐의 여부에 대한 평가도 한다. 그러나 정부와의관계는 일정수준의 체제와 정치체제의 산출적 · 행정적 또는 하향적 흐름에 한정되며, 그것도 본질적으로 소극적 관계이다.

신민적 정치문화에서의 국민의 정치세계는 향리적 정치문화에서보다 훨씬 넓어지고, 국민적 연대의식도 훨씬 발달된 상태이다. 따라서 국민은 국가적 수준의 정치적 정치현상에 대한 지식과 관심도 향상되어있다. 그러나 '신민'이란 용어에서 알 수 있듯이 국민들은 아직 덜 인지적이어서 정치주체라는 의식이 약하고, 정치참여도 능동적이고 적극적이라기보다는 수동적이고 소극적이다.

Almond와 Verba는 순수한형태의 신민적 정치정향은 정치과정에 있어서 미분화된 투입구조를 가진 사회에서 존재한다고 강조하고있다.

㉢ 참여적 정치문화(participant political culture)

세번째 정치문화의유형은 참여적 정치문화인데, 여기서는 국민 개개인의 정치적 정향의 대상, 즉 정치체제, 투입과 산출과정, 정치적 행위자로서의 자아에 대하여 (/)의 반응, 다시말해서 높은 관심과 참여를 보이고 있다. 이러한 참여적 정치문화에서의 국민은 다양한 정치적 대상에 대해서 수용과 거부가 분명한 정향을 갖고 지방과 국가정치에 영향을 미치는 참여적 정향을 갖는다. 참여의형태는 개인에따라 다르지만 정치적 행위는 촉진된다.

Almond와 Verba는 정치문화의 이념형을 위와같이 세가지로 분류하고 다음과 같은 주의를 환기시켰다. 첫째, 이러한 분석은 하나의 문화가 다른 문화로 역사적 또는 진화적 발전을 하지않는다는 것이다. 즉 하나의 문화유형이 다른 문화유형을 대치하지 않는다는 것이다. 오히려 前문화 속에 새로운 문화가 부가적으로 영향을 끼치며, 신·구문화가 융합되고 조화를 이루게 된다는 것이다. 둘째로 이러한 분류는 정치문화의 동질성과 획일성을 의미하지 않는다는 점이다. 다시말해서 향리적·신민적·참여적 정치문화가 어떤체제에서든 혼합되어 있다는 것이다. 그리고 체제 내의 국민 개개인 역시 이러한 세가지정향이 혼합되어 있고, 정치문화 그리고 자체도 이러한 세가지유형으로 이루어진 혼합체라는 것이다.

(4) 정치문화와 정치체제

한나라의 정치체제는 그 나라의 정치문화와 상합되기도 하고 또는 비상합 되기도 한다. 즉 양자가 서로 상합될 때에는 정치체제는 안정을 유지하며, 발전해가지만 서로 상합되지 않을 때는 정치체제의 기능이 마비되고 정치적 불안정속에서 혼란이 계속되게 된다. 예를들면 근대적인 민주정치체제 하에서는 국민 대다수가 근대적이며, 민주적 정치의식과 정치감각으로 효과적 운영이 가능하지만, 만약 대다수국민이 전근대적이고 권위주의적인 정치체제와 가치관에 사로잡혀 있을 경우에는 순조롭게 운영되지 못한다. 정치문화와 정치체제간의 상합성문제는 일반적으로 향리적 정치문화는 전통적 정치체제, 신민적 정치문화는 중앙집권화된 권위주의체제, 그리고 참여적 정치문화는 민주적 정치체제와 상합된다고 할 수 있다.

Gabriel A. Almond는 정치체제의 유형을 정치문화적 측면에서 다음과 같이 분류하고 있다.

① 앵글로-아메리칸(Anglo-American) 정치체제

미국과 영국 등의 발전된 서구민주주의 국가에서 볼 수 있는 유형으로서 그 특징으로 다음과같다. 첫째, 정치체제는 동질적이고 계속성을 지니며, 다양한가치를 가진 정치문화속에서도 정치적 목적과 수단사이에 일관성이 있다. 둘째, 정치는 마치 운동선수가 경기장의 규칙을 존중하는 게임처럼 법이나 규범의 테두리 내에서 이루어진다. 셋째, 이 체제하에서의 정책결정은 지배자와 피지배자, 선거권자와 피선거권자들 사이에서 협상을 통해서 이루어진다. 넷째, 다양한 이익집단이나 압력단체를 가진 다원화된 사회이며, 권력과 영향력이 분산되어있어 상호간의 견제와 균형을 이루고 있다. 끝으로 정치적 하위문화와 역할간에는 안정성이 존재한다.

② 유럽대륙적(continental European) 정치체제

이는 프랑스·이탈리아·독일·스웨덴·노르웨이 등과같이 덜 발전된 유럽대륙국가의 정치체제를 일컫는다. 이들의 정치문화는 사회 각 부문에 따라 서로다른 정치문화가 형성되어있고 정치문화간의 발전의 정도도 다르다. 따라서 정치문화내에서의 여러 하위문화와 역할간에는 괴리가 존재하므로 협상보다는 경쟁과 갈등이 계속된다.

③ 전산업화 또는 부분산업화(pre-industrialized or partly industrialized) 정치체제

오랜 식민통치로부터 벗어나 독립한 수많은 국가들이 이 체제에 속하는데, 식민통치국가의 정치문화가 잔존해 있다. 그래서 피지배국가의 정치문화는 거의 말살되다시피 되었고, 그 자리에 새로운 지배국가의 정치문화가 강요·이식되었다 그 결과 단일역할구조 안에서도 둘이상의 하위문화가 작용하고있고, 전통적 역할과 서구적 역할간의 갈등이 야기되고있다. 이러한 체제에서의 지도자는 구정치문화와 신정치문화를 융합함으로써 정치체제의 정통성 확보의 근원으로 삼는다. 그러나 신·구 정치 문화간의 상합이 이루어지기 어렵고, 또한 카리스마적 지도력이 전복되거나 교체될 때는 전체제의 불안정을 초래하는 폭력적 소요사태가 발발하게 된다.

④ 전체주의적(totalitarian) 정치체제

구소련과 중국, 북한등과같은 전체주의적 정치체제에서는 정치문화나 정부의 권위에 대한 정향이 중앙집권적 통제와 커뮤니

케이션 및 폭력기관의 상징적 조작에의해 인위적으로 창조되어 있으며 강제가 정부권위 유지의 수단이된다.

2) 정치사회화

정치사회화(political socialization)란 간단히말해서 정치문화와 관련된 태도 형성의과정, 혹은 정치문화의 형성·유지·변화과정이다. 정치사회화과정은 모든국가의 현상이지만 그방법은 국가마다 다르다. 전체주의적 독재국가에서는 국가이념에 부응하는 국민의 정치적 태도형성을 위하여 세뇌학습(indoctrination)이라는 방법을 택하며 공개사회에서는 정치사회화 과정이 비공식적 방법에 의하여 진행된다.

정치사회화 개념에 대하여는 많은논란이 있다. 정치사회화는 정치체제 유지를위한 국민의 합의를 얻기위하여 필요한 기능이라는 주장이 있는가하면, 정치사회화를 지배계급의 통치를 옹호하고 정당화화기 위한 수단으로 보는 주장도있다.

사회화에 관한 연구는 결코 새로운 분야는 아니다. 정치사회화의 분야는 Platon으로부터 시작해 Rousseau를 거쳐 毛(Mao)에 이르는 거의 모든시대의 정치이론속에서 발견된다. Platon의 「공화국」(Republic) Aristoteles의 「정치학(Politics)」, Rousseau의 「에밀」(Emile) 등에서 시민교육(citizenship training) 또는 시민사회화의 중요성 강조하였음을 알 수 있다. 정치사회화에 관심이 본격화된 것은 1920년대와 1930년대에 미국에서 비롯되었으나 정치형태에 대한 경험적 연구단계까지는 이르지 못했다. 그러다가 1950년대 말과 1960년대 초에 이 분야에관한 연구가 Hyman, Greenstein, Daston과

Robert Hess와같은 학자에 의해서 본격화되었다. 특히 최근 10년간에 걸쳐 신생국가에서는 정치공동체(즉, 국가:nation), 정권(즉, 정치적 제제도 및 게임의 규칙)과 정치적 제역할 소유자들에 대한 국민의 지지를 확보하기 위해서 정치적 사회화에 관한 관심이 높아졌다.

(1) 정치사회화의 개념

정치사회화의 정의는 학자마다 매우 다양하게 나타난다. Herbert Hyman은 다양한 사회적 매개체와 역할을 통해 사회적 제지위에 부합하는 정치적으로 관련된 사회적 제패턴을 배우는 과정을 정치사회화라고 한다. Robert Levine은 정치사회화란 개개인이 여러정치집단(political groups), 정치체제(political systems) 및 정치과정(political process)과 관련된 행태적 성향을 획득하는 것이라고 한다. Fred I. Greenstein은 광의적인 측면으로 해석하고 있는데, '...정치적으로 관련된 사회적 제태도의 학습과 정치적으로 관련된 인간적 특성(personality characteristics)의 획득과 같은 공식적 · 비공식적 혹은 의식적 · 무의식적 정치적 학습전체...'를 정치사회화의 정의로 본다.

정치사회화는 정치문화로의 유입과정이라고 하고 정치사회화의 궁극적인 산물은 정치체제와 역할담당자에 대한 태도·인지·가치기준 및 느낌이며 또한 정치사회화는 체제에대한 요구의 투입과 그 권위적 산출에대한 지식도 갖게한다고 말했다. 그러나 이러한 정의는 기존정체체제의 문화와 체제자체를 지지하려는 학습(learning)만을 강조한다는 비판을 받아왔다. 그래서 David Easton과 Jack Dennis는 이런문제점을 극복하기 위해 정치사회화를 사람들이 여러정치정향과 행위패턴을 획득하는 발전적 과정이라고 해석하였다. 결국 Kenneth P.Langton이 말한바와같이 정치사회화란 광의적으로 본다면 비록 그 과정이 전통적인 정치적 규범이나 제도를 보존시키거나 반대로 정치적·사회적 변화의 도구가 되든지간에 한세대에서 다음 세대로 정치문화를 전승시키는 방식을 말한다.

정치사회화에 대한 정의는 크게 두개로 분류될 수 있는데 하나는 정치사회화란 현상유지를 지속시키는 일환으로 사회가 아이들을 전모델(Priori model)에 맞도록 형성시키는 것을 말한다. 그래서 이용어는 '교화'(indoctrination), '문화이식'(acculturation), '개화'(civilizing), '문화전승'(cultural transmmission) 및 '문화적 규범의 적응'(adopting culturalnorms)과같은 용어와 동의어로 사용되고 있다. 다른하나의 정의는 정치사회화란 아이들이 성장하면서 특이적 욕구나가치(idiosyneraticneeds and values in his own way)를 획득해가는 과정이라고 보는견해이다.

(2) 정치사회화의 과정

정치사회화의 형태는 현재적 · 직접적인 경우와 잠재적 · 간접적인 경우가 있다. 현재적 · 직접적인 형태의 정치사회화는 정치적 제대상에 대한 정보, 가치, 또는 감정의 공개적인 커뮤니케이션(전달)과 관련될 때를 말하는데, 가령 대통령이 국민에게 국가외교정책의 위기 및 그 의미 · 기원 등을 발표하거나 가정에서 아버지가 아이에게 특정인물이나 집단내지는 정당에대한 의견을 이야기해줄 경우 현재적이라고 볼 수 있다. 반면에 잠재적·간접적 형태의 정치사회화는 정치체제내에서 유사한 역할 및 대상과 관련 있는 여러태도에 영향을 미치는 정치적 태도의 전달을 말한다.

정치사회화의 과정연구를 위한 또다른 접근법은 개성(personality)과 주위상황(또는 역할) (situation or role)과의 상관적 영향을 고찰함으로써도 이루어질 수 있다. 분명히 어떤상황은 고도로 조직화되어 있고, 사회적 규범 또한 명료하기 때문에 개성의 차이점은 행위에 대해 별로 영향을 끼칠 수 없는 경우도있고, 반면에 어떤상황은 덜 조직화되어 있기 때문에 심리적 성향이 행위에 광역적으로 영향을 끼치는 경우가 있다. 그래서 사회화에 관한 연구는 사회적 제도와 태도적 성향 또는 개성과의 상관관계에 초점을 두어 왔다. 그러나 Lewis A. Froman은 사회화연구에 있어서 매개변수로서의 태도적 성향이 중요하다고 보는 반면에, 역할이론가(role theorist)들은 개개인의 행위는 사회·문화적 적합관념에 의해 규제를 받으며 사회의구성원은 역할을 분담하고 있다고 강조한다.

정치사회화의 과정은 후술할 정치적 매개체를 통해 다양하게 인과적 연계(causual linkage)관계를 이룬다.

(3) 정치사회화의 매개체

정치사회화 매개체 중에서 어느 매개체가 정치정향을 창조하거나 전달시키는데 중요한 역할을 담당하는가? 그리고 매개체의 각 형태로부터 어떤종류의 정치적 행위를 배우는가?

Kenneth P. Langton은 정치사회화는 사회의 여러매개체를 통해서 개인이 정치와 관련된 태도성향과 행동유형을 습득하는 과정이며 그런매개체로서는 가족(family), 학교(school), 동료집단(peer groups), 성인단체(adult organizations) 및 매스미디어를 들 수 있다고 말했다.

이들 매개체가운데는 정치사회화의 특정기능을 목적으로 고안되어 처음부터 정치적 가치와 정치의식을 발전시키는 역할을 하기도 하고 반면에 비정치적 매개체를 통해 정치적 가치나 규범 또는 신념을 습득할 수도 있다. 따라서 사회화는 생활과정의 전 단계에서 공식적이든 비공식적이든 의식적이든 무의식적이든 정치적 학습(political learning)이 이루어지는 과정으로서 특히 초기의 정치사회화는 후기의 정치학습 경험보다도 보다 근본적이며 쉽게 변화되지 않는다.

① 가정

유아나 소년기에 있어서의 중요한 정치사회화 매개체는 가정이다. 본래 가정은 의도적으로 정치사회화나 정치교육을 위하여 만들어진 것은 아니지만 개인이 직접·간접으로 받은 영향력은 대단히 강력하고 또한 지속적이다. 가정은 개인이 세상에서 태어나서 접하게 된 최초의 매개체이며 인간적 정이 가장 짙은곳이다.

비록 명시적이고 의도적인 정치교육은 받지않는다고 할지라도 공민이 되는 기본적 바탕은 어릴때 가정에서 형성되는 것이며, 그때 몸에익힌 정치적 정향은 일생동안 강력하고도 지속적인 영향을 미친다. 즉 어떤 한사람의 정치적 성향과 그가 자란 가정의 환경은 밀접한 연관성을 갖고 있다는뜻이다.

예를 들면, 보다 권위주의적 가정에서 자란 사람은 덜 권위주의적 가정에서 자란 사람보다 더 권위주의적 정치성향을 갖게 되어 정치세계에서 지배·복종을 강조하게 되며, 또한 보수적 가정에서 자란 사람은 일반적으로 정치개혁이나 사회개혁에 둔감하다는 것이다. 따라서 사회화과정에서 가정은 제1차적 매개체로서 정치문화의 형성과 유지에 매우 중요한 역할을 담당한다.

가정의 정치사회화 역할은 가정의 사회적 계급에 따라 다르다. 가령 정치적 이득을 별로 받지못하고 가정으로부터도 정치적 정보를 얻지못하는 노동자출신 집안의 아이들에게는 학교가 제 1차적 정치적 정보원이 된다. 그리고 부친이 부재하거나 여가장제 형태와 같은 분열된 가정패턴과 부친의 권위패턴에 따라 가정의 정치사회화 역할은 달라진다. 또한 가정에서 정당동일의식과 문제상황의 전달이 이루어질 때, 아버지나 어머니의 상관적인 형태에 따라 달라지기도한다.

Frederick Elkin과 Kenneth Prewitt에 의하면 가정은 첫째로 아이들이 정치적 자아를 형성할 무렵 정치적 정향을 형성케 하는 독점적인 역할을 행하며, 둘째로 가정에서 형성된 인간적 축대와 그 관계는 깊은정으로 얽혀 개인의 정치적 · 사회적 행동의발전에 그만큼 더 영향을 주게 된다고하였다.

② 학교

학교는 분명히 정치사회화에 있어서 매우 강력한영향력을 미치는 매개체 중의 하나이다. 교육수준이 높은 사람일수록 정부의 영향력을 더 많이 인식하고, 또한 정치에 관심을 가질 뿐만 아니라 정치적 지도자에 대해 더많은 정보를 가지고있으며, 정치적 능력을 분명히 나타낸다. 학교의 역할은 특히 정치적 활동을 고무하는 지식·능력 및 선택감각을 공급해 준다는점에서 매우 종요하다. 또한 학교는 가정이나 대인적 환경으로부터 소외당한 사람들에게 특히 중요한 매개체가된다.

정치적 정향의 급속한 성장과 발달이 일어나는 시기는 3세에서 18세 사이의 시기이다. Fred I. Greenstein은 이 기간에 가정이 더 중요한 정치사회화 매개체라고 보는반면에 Robert Hess나 Judith Torney는 학교가 더 중요하다고 믿는다.

정치사회화에 대한 학교의영향은 세개의 통로를 통해서 이루어진다. 첫째, 정식적 교과과정, 학급내에서 행해지는 의식 및 교사에 의해서 무의식적으로 전수된 가치와 태도, 둘째, 학교의 사회적 풍토, 정치적·비정치적 성격의 청년조직, 그리고 다양한 과외활동, 셋째, 정치적 제문제에 대한 흥미·정보와 그에대한 참여 위에서 이루어진 교육효과이다. 학교는 정치문화지도(political culture map)의 한 부분을 형성하는 매개체이다. 구체적으로 말하면 학교는 정치체제에 대한 호의적인 감정을 강화시키거나 또는 보강할 수 있을 뿐 아니라 학교는 시민은 물론 엘리트를 위해 그들의 행위와 정통성의식에 영향을 끼치는 '정치적 게임의 불문율'에 대한 확신을 갖게 한다. 이 밖에 학교는 가정에서와 마찬가지로 권위주의적 정향을 형성시키기도 한다. 즉 교장과 교감이 일반교사들에게 어떻게 대하는지를 보고, 또 교사들이 학생들을 어떻게 다루는지를 봄으로써 학생들은 권위에 대한 정향을 갖게 되는 것이다.

결국 학교는 학생들에게 정치제도, 정치과정 및 게임규칙에 대해 알리고자하는 시민교육적 역할과 특정 정치체제나 정권을 정당화하거나 합리화하는 이데올로기를 학습시키고자 하는 정치적 교화역할도 행한다.

③ 동료집단

동료집단도 개인의 가치와 태도를 형성시켜 주는 역할을 담당한다. 특히 청소년기에 동료집단을 통해서 나타난 정치사회화는 어린시절의 기본적인 정치학습을 보다 보강하여 주는 역할을 한다. 그리고 가정의 축대가 약한 산업사회나 가정교육이 청소년의 사회 환경과 조화를 이루지못하는 사회에서는 동료집단을 통해서 개인의 정치적 견해를 형성하는 것이다.

동료집단이라 함은 동등한 사회적 또는 직업적 지위를 가지고 형성된 것으로 친구와 동료와의 접촉은 동등하고 친밀한 관계 속에서 상호존경과 동료집단의 제 가치를 배우게 된다. 동료집단의 범주에 속하는 직장이라는 사회화매개체는 국가적 문제나 지도자, 새로운경험에 대한 개방성, 정치적 효율성, 사회변동의 용이성 및 기술의 평가 등에 대한 근대적 태도형성에 큰 영향을 준다. 또한 직장의 분위기에 따라 사원들의태도 역시 달라지는데, 예를 들어 개방적이고 참여적인 직장에서 일하는 사람들이 권위주의적인 직장에서 일하는 사람들보다도 더 참여적인 성향을 보일 가능성이 크다고 볼 수 있다. 동료집단의 동질성유무에 따라 가정에서 이루어진 정치사회화는 보강될 수도 있고 변화될 수도 있다. 만약 동료집단이 동질적인 경우에는 동료의 영향을 가정이나 학교에서의 정치적 체제에 대한 사고·감정·태도 등의 정치사회화 역할을 보다 더 발전시켜주고 보강시켜 준다. 반면에 동료집단의 분위기가 이질적인경우 두가지 방향으로 귀결될 수도 있다. 가령 이절적인 사회계급배경을 지닌 자들로 구성된 동료집단이라 한다면, 한편에서는 사회적으로 지위가 낮은 집안출신의 동료는 자신보다 훨씬 더 높은 자위출신 동료의 규범과 부합하도록 사회화될 것이며, 또 다른한편에서는 오히려 정치체제에 대해 상반된 감정을 갖게되고 지지력 또한 감소하게 된다. 동료집단은 여러가지방법으로 정치사회화에 영향을 준다. 첫째로 사회적·정치적 분야에 대한 정보나 의견의 교환을 시켜 주는 중요한 원천적 역할을 하며, 둘째로 정치세계에서 자신의위치와 자아를 개념화할 수 있는 계기를 마련해준다.

④ 매스미디어

매스미디어라 하면 TV·라디오·신문 및 잡지 등을 말하는데, 사회화과정에서 매스미디어의 영향은 매우 크다. 그러나 매스미디어의 중요성은 저개발사회 · 과도기사회 · 근대적사회와 같은 사회적 형태에 따라서 차이가난다. 전통적 사회에서의 매스미디어는 일반적이고 산만한 반면, 발전된국가에서는 특수하며 선택적이다. Richard Dawson과 Kenneth Prewitt는 대중매체의 역할을 다음과같이 평가하고있다. 첫째로, 매스미디어는 다른 매개체에 의해 비롯된 정치적 역할을 전달해주며, 둘째로, 매스미디어의 정보전달과정은 2단계 흐름을 통해서 이루어진다. 셋째로, 매스미디어는 새로운 정치정향을 창조하기보다는 기존의 것을 강화하려 한다. 넷째로, 매스미디어의 메시지들은 사회적환경과 사회적경향의 맥락에서 해석된다. 매스미디어는 일반적인 정치적 문제와 사건을 국민에게 전달함으로써 관심을 유발하고, 지도자나 정책에 관한 정보를 제공해준다. 매스미디어는 정보를 전달함에 있어서 2단계를 거쳐서 이루어진다고 했는데 그 이유는 매스미디어의 메시지는 곧바로 일반국민에게 접수되거나 해석되지 않는 경우가 많으므로, 장관·지방지도자·활동가 등의 지방여론지도자를 통해 중계되기 때문이다. 매스미디어는 태도변화를 유발시키는 주체가 되기도 하지만 전통적 지식으로 말미암아 성인들의 태도는 변화되기보다는 주로 강화된다고 볼 수 있다.

Daniel Lerner는 매스미디어란 다른사람들 및 더 나은생활에 대한 전망과 결부시켜주는 동일화의식을 창조시켜 주는데 중요한 역할을 담당한다고 본다. Herbert Hyman은 매스미디어를 통해 수많은 하위문화, 특히 지방적 사회에서 국가적 균일을 가져 올 수 있다고 본다. 결국 매스미디어는 근대적 태도로 형성하는 중요한 원천이 된다. 매스미디어 가운데 특히 TV는 사회화매개체로서의 가정의 중요성을 감소시켰다고도 한다. 매스미디어는 정보만을 제공하는 것이아니라 사람의 가치와 감정에도 크게 영향을 미친다.

3) 정치문화와 정치사회화의 관계

앞에서 여러매개체를 통한 정치사회화과정을 살펴본 바와같이 한 개인이나 집단의 정치적 정향은 정치사회화 과정을 통해 ① 유지, ② 변형, ③ 창조 된다. 그런데 정치사회화에의한 정치문화의 ① 유지, ② 변형, ③ 창조적 기능은 사회의 주어진 상황에 따라 다르겠지만, 상호 배타적이라기보다는 하나의 연속선상에서 동시에 일어난다.

• 정치사회화의 유지기능은 가령 미국이나 대부분의 서구 유럽국가들의 경우처럼 긴 역사와 비교적 안정된 정치체제에서 구세대의 정치문화를 신세대로 전승시킬 때 일어난다. 이들 국가의 사회화 과정은 대체로 동질적이며 일관성 있게 자유로운 환경 속에서 이루어진다. 반면에 소련 등과 같은 공산주의와 전체주의적 정치체제에서의 정치사회화는 강제성과 국가의 의도가 내포된 이데올리기성향을 띈다.

• 정치사회화의 변형기능은 낡은것을 변화시켜야 할 입장에 놓일 때 사람들로 하여금 정치세계를 이전과는 달리 보고 경험하게끔 할 경우에 나타난다.

예를들면 제 2차세계대전 후 독일은 전통적 정치문화를 변혁시키는 데 주력하였다. 독일정치지도자들은 국민들로 하여금 보다 민주적이고 참여적인 정향을 갖도록 노력하였고, 정부도 이를 위한 시책을 다방면으로 폈던것이다. 그래서 다시는 Hitler와 같은 인물이 재현되지 않도록 국민의 정치정향을 변화시키고자 했던 것이다. 정치문화의 변화는 부분적일 수도 있고, 아니면 전면적일 수도 있는데 후자의 대표적인 예는 전후 일본이나 독일을 들 수 있다.

• 정치사회화의 창조기능은 주로 신생국이나 정치적 변화를 크게 겪고 있는 곳에서 나타난다. 전후 독립을 성취한 수많은 신생제국은 독립시 정치문화를 가지지 않았거나, 가졌더라도 향리적 정치문하였다. 그러나 그들이 채택한 정치제도는 서구식 참여형정치제도였기 때문에, 정치안정과 정치발전을 위해서는 이들 향리적 제도에 상합되는 정치문화의 창조가 무엇보다 급선무였다. 본래 신생제국을 통치하던 열강들은 이들 지역내에 문화적 규범을 고취시키거나 국민의식(또는 민족의식)을 고취시키지 않았기때문에 갑작스럽게 독립을 성취한 국가에서의 정치문화는 향리적일 수밖에 없었다. 그래서 이들 국가지도자들은 국가통합을 이룩하고 행정능률을 증대시키기 위해 정치제도에 상합되는 새로운 정치문화를 창조하려 했다. 이들 국가에서의 정치사회화는 어느 국가보다도 정부의 강력한 통제와 주도하에 동원된 국민

들에게 시민적 가치, 국가에대한 충성심, 헌법적 권위에대한 복종심을 주입하고있다.

제 6 장 핵 시대의 국제평화교육

1. 서론

인간은 그의 적응력을 스스로 자랑할 수 있을만큼 그 어떤생물보다도 적응력이 높다. 그러나 인간의 적응력은 완벽한 것이 아니며, 인간의 가장 큰 위험은 환경에서 오는것이 아니라 바로 그 자신에서 비롯되는 것이다. 즉 인간에게 있어서 인간의 최대의 적은 바로 인간임에, 인간은 스스로 한계를 가지고있는 동물이다. 인간은 자기가 가까이하는 인간사이에 틀림없이 적과 친우를 만든다. 이와마찬가지로 인간의 집단인 국가도 인간의 속성을 갖고 적국과 우국을 만들며, 이러한 국가의 성향이 탄력을 잃고 경직화되면 전쟁은 피할 수 없게 되는것이다. 인류사는 평화보다는 전쟁으로 이어져 왔으며, 위기의시기는 역사에 있어서 줄곧 있어왔다.

생각건대 이성의 동물인 인간은 평화를 추구하고 이를 항존시킬 것으로 상정되나, 실제는 그렇지못함은 인간의 제한된 합리성을 증명하는 것이다. 이러한 인간의 한계성을 극복하고, 인간의 위기에대한 대응능력을 향상시킴에는 보통 3가지의 작업을 생각해 볼 수 있다. 즉 평화를 지향하게 할 근본적기반으로서의 사상이나 철학의 정립, 이에따르는 평화창출 접근방안의 합리화와, 평화건설의 실천작업이다. 이러한 평화건설(peacemaking)의 과정은 단순맥락이 아닌 복합적·종합적 연구에 의해야만 궁극적 평화를 달성할 해결책이 명료하게 제시될 것이다. 그러나 본 책자에서는 인간의 본질을 크게 유념한가운데, 평화건설을 위한 교육적 접근만을 한정적으로 다루도록 한다. 본책의 전개순서는 다음과 같다.

첫째로 인류사를 시대순으로 살피면서 국제평화질서를 역사적으로 분석함으로써 평화교육의 정향목표를 추출하도록 한다. 인류사를 살피면 뚜렷하게, 물론 긴 시간대로 볼때에는 잠깐일지라도, 국제사회가 두드러지게 평화체계로 정립된 모습을 몇차례 보여준다. 본책에서는 국제평화건설의 역사적 유형과 이러한 평화유형이 이루어진 지역적 단위체의 변천을 종합적으로 살피면서, 이러한 평화유형이 만들어지게 된 동인(動因)이 무엇인가를 아울러 고찰함으로써 바람직한 평화질서의 모형을 모색해 보고자한다.

둘째로 현대는 핵으로 중무장된 사회라는 점을 유념하면서, 현대사회에 알맞은 평화건설책을 찾아보되 이의 주요한 방안으로서 평화교육에 대해 논하도록 한다. 핵에대한 이미지분석이 바탕을 이룬가운데, 인간의 본질을 향하는 평화건설책으로서의 교육의 지위는 점진적이지만 가장 확실한 대안임에는 이론의 여지가없다.

셋째로 위와같은 분석을 바탕으로 한국의 사회과교육에서 평화교육이 어떻게 이루어져야 할 것인가를 논하도록 한다. 사회과 교육의 입장에서 국제정치교육의 구조를 수립하고, 이에비추어 평화교육은 어떠한 학문적 지위와구실(Academic status & role)을 갖는가를 생각해보며, 이를바탕으로 사회과 교육과정에서의 평화교육을 반성하고 미래를 생각해보는 것으로 본논문이 진행되도록 한다.

John Somerville은 말하되, "우리는 전적으로 새로운 전쟁과 평화에 대한 관점을 가져야 함이 요망된다. 우리는 전쟁과 평화에 대한 새로운 정치학, 경제학, 윤리학 및 도덕과 종교를 필요로 하는 것이니, 요컨대 어떠한 일이있더라도 평화혁명(Peace Revolution)을 이룩해야 한다"고 강조하고있다. 또한 Francis A, Beer는 전쟁을 억제함을 뛰어 넘어, 우리들이 적극적으로 평화창출(Peace Creation)에의 광범한 시도에 관심을 가질 것을 주장하고있다. 이러한 주장들은 인류가 현재 보유하고 있는 포화상태의 열핵력(Thermonuclear Power)을 생각할 때에 오히려 "당연한 진리"를 강조하는 것과도같으며, 인류는 오늘에 있어서 평화를위한 결단이 절실하게 요망된다. 그것은 오늘의 세계가 평화냐 인류멸망 이냐의 각박한 기로에 처해 있기때문이다.

2. 국제평화질서의 전개 분석

1) 국제평화건설의 역사적 분석

평화의 역사는 범위와 본질에 있어서, 인간의 원망(願望) 및 사회변화와 관련지어 상호연결된 유형의 시계열(時系列: a sequence of international patterns)로 파악할 수 있다. 즉 각 시대에 있어서의 평화유형은 당시의 시대상을 반영하는 정치적·사회적 요건에 의해 창출된 나름대로의 기초와 단위체를 갖고 시대적 평화상을 보여주는것이다.

우선 중세시대의 국제평화상은, 중세기독교국가의 연합유형으로서, 이는 고대로마제국에 의한 평화(Pax Romana)에 대한 추억에 그 기초를 두고 있다. 즉 순전히 고대로마의 법적·군사적 역량에 의해 만들어진 지중해세계의 통합과같은 유형의 평화상을 말한다. 이는 성 아우그스틴의 표현에 의하여 평화는 질서의 평정(tranquility of order)이라고 불리우는 바와같다. 곧 중세의 평화는 신국(神國)을 지향하는, 정의와 사랑을 실천하기위한 시적질서의 수립을 말하는 것으로, 그 설립단위체는 견고한 종교적 결합체(religious bond)인 것이다. 생각건대 Pax Romana가 사회적 결합요소였다면 Christendom은 이 사회를 맺어주는 궁극적 최후의 결합요소였다고 하겠다. 따라서 중세에는 교황과 로마교회를 정점으로한 계서적·계층적 통합이 이루어졌다.

두번째로 두드러진 평화의유형은 30년전쟁 후의 웨스트파리아 조약에 의해 정립된 평화상이다. 30년전쟁은 종교개혁(Reformation)과 반종교개혁(反宗敎改革: Counter-Reformation)의 정치적 대결의 절정을 이룬 것으로서, 웨스트파리아 조약에 의한 화합은 중세와 근대의 징검다리를 놓는 것이라하겠다. 이는 정치와 경제의 실질적 단위로서의 국가가 출현함과함께 종교적 화합이 이루어진 형태로서, 본 평화유형은 신성로마제국(Holy Roman Empire)에의한 종교적 세력균형이라고 함이 적절한 표현이다. 이 시대에는 중세와 다르게 유럽의 제 영역에 유사한 형태의 지역단위가 나타났으니, 일정한 영역의 전체질서를 완전하게 감싸안을 수 있는 국가체의 성립을 말한다. 1648년 이후의 유럽세계는 관습 및 전통과 재판 등이 분리되었을 뿐만 아니라, 각국에 충성을 바치고 종교적 신념을갖는 구성원을갖는 국가들이 등장하게된 것이다. 그러므로 당시의 평화는 독립되고 자조적인 국가들이 경쟁관계에서 도출해내는 modus vivendi로 파악될 수 있다.

셋째로 지적될 평화유형은 프랑스혁명과 나폴레옹의 침략을 극복하고 유럽에 신질서를 수립하게 된 것을 말한다. 비엔나조약에 따라 유럽화합(The Concert of Europe)이라는 대명제 아래 신중하게 이끌어지는, 자동조절되는 세력불균형(a self-adjusting & automatic balance of power)으로서의 이 평화는, 정기적으로 회동하는 유럽열강의 평화의지에 의해 결정되어 나갔다. 이는 각 열강의 현상유지(status quo)를위한 노력의 산물이었음은 물론이다. 이 시대, 즉 19세기에 진입되면서 평화건설의 단위체는 지역적 · 주권적 왕조국가인 러시아 · 프러시아 · 스페인 · 프랑스 · 영국으로 바뀌었다. 그러나 그들 각자는 가족결합, 상속이나 음모 및 야심을 각기 다르게 뒷배경으로 삼는 존재들이었다. 이들은 복고적 성향을 갖고 반혁명을 탄압하는 등의 공통점을 갖고 있었으니, 이러한 결과로 탄생된 것이 신성동맹(Holy Alliance)이었다.

넷째의 평화유형은 집단적 안전보장형(collective security)으로 제1차 세계대전 후의 베르사이유조약에 의해 고안된 평화상을 지적할 수 있다. 지금까지 존재해 본 적이 없는 인류전체를 포괄하는 지속적 기구로서, 이는 정치 · 경제 · 사회문제에대한 전세계차원의 협조를 약속하고 정기적 회합을 강요받는 최초의 조직체였다.

그러나 이러한 평화는 최소한 강대국의 자체가없이는 근본적 조화와 상호일치가 있기 어려운 취약점을 갖고 있음이 가장 큰 약점이다. 그리고 또하나 특기할것은 나폴레옹의 사후인 1815년부터 1919년까지에는 민족의 해방과 통일을위한 많은혁명이 있어 이 시대의 독특한 성격을 준비했음이다. 민족감정의 확산으로 인해 지구상에는 완전히 새로운 평화건설의 터전이 형성되었으며, 민족자결정신의 성숙으로 평화는 자유민끼리의 자발적 조화에 의해 이루어지는 것으로 받아들여졌다. 즉 이시기를 대표한 원리는 민족주의(nationalism)와 자유주의(liberalism)이었다.

다섯째로 2차대전이 끝난뒤의 평화상인 오늘날의 평화유형은 국가연합에의한 집단적 모형이다. 그러나 국제연맹과 마찬가지로 국제연합에 있어서도 이것이 진정 인류의 평화를 위해 유효하고 바람직한 회합일 것인가 하는 질문이 생길것이다. 국제연합은 과거의 인간들이 애써온 모든노력의 결집으로 만들어진 국제연맹을 보다 개선한 것이지만 아직도 불완전하기는 마찬가지라고 해겠다. 오늘의 세계는 다국성(多國性)을 띤 새로운 Leviathan(레바이어던)이 등장하여, 이들 4~5개가 상호간에 불완전한 세력균형을 이루고 있다고하겠다.

그러면 지금까지 논한 국제평화사를 살필 때에 일관된 흐름은 무엇인가를 살펴야 하겠다. [표6.1]을 보면, 역사가 진행되면서 국제평화의 유형이 세계화되고, 국가연합에 의한 집단적 모형으로 변전되어 나가고 있음을 쉽게 알 수 있다. 따라서 국제평화상의 현대적 이상형도 유추가 가능하다.

[표6.1] 국제 평화질서의 유형분석표

시대	국제평화의 유형	평화건설 단위체
중세	기독교국가 연합형	계서적·계층적 통합형
30년 전쟁후	세력균형(The Balance of Power)	지역적·왕조적 국가형
나폴레옹 시대후	유럽화합(The Concert of Europe)	지역적·주권적 국가형
제1차 세계대전후	국제연맹(The League of Nations)	국민적·주권적 국가형
제2차 세계대전후	국제연합(The United Nations)	국가연합 및 집단적 모형
현대	?	?

2) 국제평화질서의 결정인자

위와같은 국제평화사(國際平和史)를 이끌어간 동인(動因) 혹은 결정인자(決定因子)가 무엇인가를 위의논의를 바탕으로 밝혀보면, 이는 크게 3가지로 대별해 볼 수 있다.

첫째로 공포형을 들 수 있는데, 두드러지게 눈에 띄는 평화는 전쟁과 기나긴 분쟁의 뒤에 통상적으로 나타났다. 이 시기에는 충분하고 명백한 평화건설의 요인이 존재했으니, 이는 바로 공포이다. 외침의 공포는 고대의 로마제국이나 중세 기독교국가에 있어서 가장 강력한 평화적 접착제구실을 하였다. 공포에서의 해방을 원하는마음은 30년전쟁후에 웨스트파리아에서 세력균형을 만들도록 했으며, 1815년에는 Jacobanism의 공포가 신성동맹을 만들게 고무하였다.

둘째로 중요한 평화촉진 요인은 이익추구형의 형태로서, 각 단위체끼리의 이해관계가 일치하는 때가 바로 평화의 순간이 되는 것을 지적할 수 있다. 중세에 있어서 종교계나 세속세계가 모두 야만족과 이교도에 대해 대항함이 공동이익이 되었음은 말할 것도 없으니, 교황과 황제는 꼭 같이 사회질서유지와 지속적 충성이 절실했던 것이다. 또 제1차 세계대전이후에 각국은 민주주의를 통해 안정된 세계를 만듦에 일치된 이해를 갖게 되었다. 그러나 이러한 평화는 일시적인 일치의 순간에만 가능한 것이며, 이러한 순간은 자주 힘에의해 훼손되는것이었다.

끝으로 평화건설 단위체를 결합하는 세번째의 요인은 널리 또 강력하게 받아들여지는 이데올로기에 의한 이념형을 열거할 수 있다. 정치 혹은 국제관계의 이론, 행태의특징, 또는 사상이나 이상의 조합들을 가리키는 것이다. 중세질서는 본질적으로 교회법과 교회의 계서(階序)체제에 바탕을 둔 교부(教父:Christian fathers)의 원리나 교사의 철학에 바탕을 두고 있다. 또 16, 17세기의 지역국가는 machiavelli, Bodin, Grotius등의 이론에의해 생성되었음이 사실이며, 이 당시에 국제주의(Internationalism)는 오늘까지도 중대한 영향을 미치고 있다. 지금까지의 국제평화사를 살펴 볼 때에 평화의 정립에 가장 큰 기여를한 결정인자는 공포(fear)였다. 국제사회의평화는 외침에 의한 전쟁공포중에 이해추구심이 가해진 것으로, 이성보다는 감성을 그리고 합리보다는 본능적 불합리가 우선된면이 짙었다.

3) 국제평화질서의 이상형

지금까지 논술된것을 바탕으로 이상적인 국제평화질서의 모형을 생각할때에 우선 다음과같은 조건을 선행적으로 고려해야 하겠다. 먼저 국제평화의 유형에 있어서는 세계국가(World state)와 세계연방(World Federation)을 생각할 수 있다. 다만 현실적으로 세계국가는 특정한 어느나라에 의한 세계제패의 경우에만 가능한 것으로, 세계대전을 필연적으로 동반할 것이므로 있어서도 안되고 있을 수도 없는 것이라 하겠다. 그렇다면 세계연방이 가장 바람직한데 이는 오늘날의 국제연합(UN)을 보완하는 형과 새로운 창설형을 두루 생각할 수 있다. 이때에 핵심은 세계경찰군이 실질적으로 활동됨이 가장중요한 열쇠가 된다는점이다.

다음으로 국제평화 건설의 단위체는 어떠해야 하겠는가? 이에는 현재의국가를 그대로 구성원으로하는 형과, 인구나 지역을 통해 균등하게 재편하는 형을 생각할 수 있는데, 어느쪽이나 간에 제한주권적입장임은 물론이다. 따라서 J.Bodin 이래의 주권개념인 절대, 유일, 불가분, 불가양의 원칙은 결정적인 수술을 받아야만 한다. 이는 역사의진행이 계속되면서, 숙명적으로 가야할 범인류적 차원의 조류라 하겠다. 끝으로 이상적 국제평화상의 결정인자는 무엇이어야 하겠는가? 이는 현실적으로 핵전쟁에의 공포를 선두로 하면서 이익추구와 이데올로기가 공조(共助)하는 모형이라 하겠다. 그러나 인류의 미래를 이러한 요인에 일임할 수는 없는 것이 인류의 양심이 가진 도덕율이다. 인류가 국제평화의 이상형을 창출함에는 인간존중의 대전제를 내걸고, 합리적으로 사상과 이론을 발전시키며 이에따라 평화를 실천하는 형이라야 할 것이다. 본책에서는 이를 앞의 공포형, 이익추구형, 이데올로기형에 비하면 합리형이라고 부르기도한다.

인류사를 거슬러 올라가면 국제평화를 합리적으로 창출하기 위한 사상활동에 두드러진 공을 세운 학자가 적지 않다. Pierre

Dubois(13세기, 프랑스), Podebrad왕(15세기, Bohmen), Erasmus(16세기, 네덜란드), Emeric Cruce(17세기, 프랑스), Hugo Grotius(17세기, 네덜란드), Sully(17세기, 프랑스), William Penn(17세기, 영국), John Bellers(18세기, 영국)등이 합리적 국제평화규모의 창출에 지대한 공헌을 한 학자들이다. 그러나 영구평화론의 대표적 학자는 Abbe de Saint-Pierre(18세기, 프랑스), Jean J. Rousseau(18세기, 프랑스), Jeremy Bentham(18세기, 영국)이며, 이러한 사상의 흐름을 고전적으로 완성시킨 인물은 Immanuel Kant(18세기말, 독일)이다.

먼저 Abbe de saint-pierre는 평생을 평화사상의 연구에 헌신한 최초의 본격적 평화연구가이다. 그는 "Projet pour rendre la paix perpetuelle"에서 유럽의 항구평화를 위한 국가연합을 결성할 것을 깊이있게 연구하였다. 그의 이론은 훗날 신성동맹의 결성에 중요한 기여를 했으며, Rousseau에 의해 다듬어졌다. Rousseau는 평화와 국제연합에 있어 그 자신의 독자적 저작은 남기지않고, Abbe de Saint Pierre 영구평화안 발췌문과 Abbe de Saint Pierre 영구평화안 비판문을 통해 그의 국가연합 이론을 펼쳤다. 그러나 Rousseau의 사상은 Pierre와는 달라서 군주국가가 아닌 인민주권국가에 의한 국가연합을 주장하고 있음이 아주 다른특징이다. Kant는 전쟁자체를 도덕적 죄악이라고 보고 전쟁반대의 실천이성에 의해 영구평화를 확립할 것을 "Zum ewigen Frieden"을 통해 역설하고 있다. Kant는 역사를 점진적인 진화과정으로 보아, 인간사회가 발전되어 국가를 형성하고 국가들은 그들의 자연상태에서 벗어나 정의를 확보하는 일반적인 국가공동사회로 발전한다고 보았다. Kant의 사상은 이 당시에는 급진사상에 해당했던 입헌정치를 주장했고 제국주의를 공격하면서 합리적 이성에 근거한 세계연맹을 주장함에 특징이 있다.

이상에서 고찰한 바와같이 국제평화의 합리모형은 오늘날에 이르기까지 꾸준히 발전되었으며 이론적·사상적인 골격은 거의 완성되었다고도 볼 수 있다. 오늘날에는 합리모형을 보다 세밀하게 발전시킴과 함께 평화세계를 위해 합리모형을 실천하는 작업이 남아 있다고하겠다. 이러한 실천작업의 기본적 바탕은 물론 교육을 통한 범세계적 인간개조임은 물론이다.

3. 핵시대에 있어서의 평화교육

1) 핵과 평화건설

오늘에 있어서의 국제사회는 놀랄만큼 핵전쟁의 공포가 팽배되고 있다. 특히 미국등의 강대국의 핵무기가 고도로 발달되고 국제정치에서 긴장이 날로 높아감에따라 인류의 핵전쟁에 대한 공포가 날로 증대되고 있다. 핵전쟁이 일어날 가능성에 대한 예상의 비율은 56%(58년), 59%(61년), 62%(82년)로 날로 인류의 심상에 어두움을 주고 있다. 근년에들어서 반핵정치활동은 격증하고 있으며 미 · 러, 핵무기감축이나 동결을 주장하는 견해가 널리 확산되고 있는것은 포화핵에대한 인류의 절박한 불안감을 대변한다고 하겠다. 이러한 사실은 핵전쟁이 일어난 경우에 본인이 생존할 가능성을 설문응답자들이 거의 부정적이라고 보고있음에서도 쉽게감지된다. 근년에 들어서 살 수 있다고 믿는 사람은 10%미만임은 인류가 갖는 핵의 이미지를 증명하고 있는 것이다. 과학은 인간들을 서로 간에 살상함을 가속시키고는 있으나 인간들에게 그 어떤 슬기로움도 가르치지않고, 인류의 미래를 거의 존재치 못하게 하고 있다. 이것은 아인슈타인이 말했듯이 핵과 같은 정교한 무기를 만들어낸 인간이 그것을 통제할 능력은 개발하질 못한 것이며, 그의표현대로 물리학보다는 정치학이 더 어렵기에 그런지도 모르겠다. 핵전쟁을 막아보려는 노력은 여러가지로 진행되어 왔다. 그러나 평화운동에 있어서 대단히 경계해야할 몇가지의 사항이 있다.

첫째는 극좌세력이 평화운동을 정치적으로 60년대부터 이용하기 시작한 것에 대응책이 필요함이다. 예컨대 후루시쵸프가 1956년부터 스타린 격하운동을 펴면서 "평화공존"이란 말이 공산주의자들의 상투적 용어가 되었으나, 크레믈린의 속마음은 세계적화를 버리지 않았다는사실은 시간의 흐름에따라 분명해진것이다. 즉 공산주의자들의 평화는 적화를 꾀하는 제국적 평화를 말하는 것이므로 참된평화운동이 아닌 침략의 비호에 불과하다.(물론 1980년대 말에 세계가 급변하며 소련제국이 해체되었으나, 그들의 국가붕괴가 내면에서의 핵전쟁 의지도 완전히 붕괴된것은 아니며, 그들의 보수세력은 아직도 확실한 하나의 세력으로 존재함이 유의되어야 할 것이다.)

둘째로 위와는 반대로 극우파의 평화론에대한 경계가 필요하다. 즉 평화주의의 미명하에 군비경쟁을 서두르는 극우세력의 평화는, 폭력을 통한 평화수립의 입장인 극좌세력의 평화와 표리관계에 있음에 불과하다. 군비를 보다 확장하고 임전태세를 강화하고있는 폭력을통한 폭력도 폭력에 불과하며 참된평화는 아닌 것이다.

셋째로 감상적 평화운동에 대한 대책도 세워져야한다. 월남전이 격화되면서 특히 활발해진 히피족을 중심한 초현대적·말세론적 풍조에의한 평화운동은 진정한 평화수립과는 무관한것이다. 이들은 평화주의자 내지 반전주의자(Pacifist or Peacenik)라고 불리워지는 자들의 집단으로서, 물질주의에 대한 이상주의적 저항, 젊은 세대의 청년문화, 징병기피의 풍조, 자연보호론을 내세우는 환경애호파들이 인도주의적 Humanism을 내세우며 평화운동을 벌이는것이며, 형식적 평화운동에 해당하는 것으로 평화운동의 참된 본질과는 거리가 먼 것이다.

이상의 3가지 이외에 무저항적 평화주의도 합리적 평화건설의 모형과는 구별할 필요가 있다. 무저항적 평화주의는 앞의 3가지와 같이 크게 경계할것은 아니지만 합리모형과는 질이 다르다. 무저항적 평화주의의 대표적 형태는 종교적인 것으로서 퀘이커교도를 예로들 수 있다. 이들은 폭력에 원칙적으로 반항하지 않고, 전쟁은 일절 거부하면서 평화건설에만 진력하고있다.

그러면 위와같은 여러사항을 유념하면서 핵시대에 알맞은 평화건설책을 알아 보도록한다. 본 책에서는 먼저 미국의 전임국방장관이었던 Robert McNamara의 핵전쟁방지를 위한 18항목의 구체적 단계를 살펴보고 논의를 진행하도록 한다. 그는 다음의18단계를 제시함으로써 미 · 러간의 핵전쟁 가능성을 극소화시켜 보려하고 있는 바, 그 특징은 상호간의 신뢰의 건설과 미국의 주도에 의한 핵감축 내지 절멸의 방안을 밝힌것이다.

(제1단계) 궁극적으로 단 한개의 핵탄두만이 남을 때까지 상호간의 핵탄두의 비율을 감소시킬 것을 협의한다.

(제2단계) 경고를 위한 발사의 전략(the strategy of launch -on-warning)을 포기한다.

(제3단계) 미국은 핵공격에 대해, 그 공격원(源)과 범위 및 공격 의도를 알게 될 때까지 보복공격을 하지 않을것임을 선언한다.

(제4단계) 핵무기의 관제 및 통제(command-and-control)체제를 강화한다.

(제5단계) 상대의 급소를 공격하는 전략을 포기한다.

(제6단계) 미국의 재래전능력을 증강한다.

(제7단계) 핵무기의 선제사용금지정책(a policy of no early first use)을 즉각적으로 선언한다.

(제8단계) NATO국의 수뇌들이 핵무기의 선제사용금지정책을 받아들일만큼 재래전능력을 향상시킬 것을 선언한다.

(제9단계) 맹방들과 협의하에 유럽에 보유하고있는 핵탄두 6,000개를 철수한다.

(제10단계) 서독의 남부국경에 배치된 잔류 핵탄두를 후방으로 재배치한다.

(제11단계) 60마일가량의 비핵지대를 소련과의 협의하에 서부 독일의 동부에 설치한다.

(제12단계) 억제력으로서의 가치가 없으면서 상호간의 무력불균형을 초래할 무기의 개발을 일반적으로 중단한다.

(제13단계) 우주무기의 개발금지를 협의한다.

(제14단계) NATO보유의 핵탄두전체에 종합관제 장치를 개발한다.

(제15단계) 소련측과 포괄적 핵실험금지를 협의한다.

(제16단계) 핵확산금지(nuclear non-proliferation)계획을 강화한다.

(제17단계) 미·소 합동의 정보교환 및 위험통제센터 설립을 협의한다.

(제18단계) 보다적은 보복(lesser retaliation)의 전략을 선언한다.

이상 18단계의 맥나마라안은 본 책에서는 대단히 중요한 의미를 가진다. 왜냐하면 맥나마라는 인류멸망의 극한적 위기를 생각하고, 이를 해결할 길은 미 · 소핵강국 사이에 신뢰의 영역을 넓히며 협의를 통한 핵의 감축내지 폐지를 주장하기 때문이다. 핵전쟁은 재래전과는 질적으로 달라 인류공멸을 순식간에 결정짓는다는 점에서 핵문제를 인류공동의 과제로 보고 이성과 대화에 의해 해결점을 찾으려는 자세는 대단히 중요한 것이며, 이러한 방향으로 각국의 국민과 정치지도자의 심성개조를 시킴은 긴요한 일이다. 특히 핵보유의 확산 가능성은 대단히 높은것이 오늘의 세계정보이며, 군소핵국의 핵경쟁은 세계를 대단히 위험한 상황으로 이끌어갈것이 틀림없다. 이는 군소핵국이 전체세계를 파괴할 힘은 없어도 핵강국을 세계멸망의 전쟁으로 유도할 가능성은 항존하기 때문이다. 따라서 세계각국에 있어서 평화를 위한 사회과교육의 필요성, 즉 건전한 세계시민의 육성은 인류의 미래를위한 인류공통의 소망이라고 하겠다.

2) 핵과 평화교육

평화건설을 위한 학문의 연구에 있어서 중요한 한분야는, 인류의 평화를 가져오기 위해서 제2세국민들에게 어떠한내용의 교육이 실시되어야 할 것인가의 연구가 중요하다.

생각컨대 3차세계대전의 승리는 오로지 전쟁을 방지하는것 외에는 다른길이 없으며, 핵전쟁이 일어난뒤에는 개인도, 인류도 미래가 있을 수 없다. 워터루전쟁에서의 승리가 이튼의 운동장에서 비롯되었다면, 3차세계대전의 악몽을 잊을 수 있는길은 교실에서만 찾을 수 있다. 이와같은 면에서 살필때에 교육에서 평화를위한 설계가 어떻게 바람직하게 짜여지는가는 앞날의 인류에게는 그 존재여부를 가름하는 중대한 문제라고 하겠다. 즉 대중교육체제로서의 현대교육이 충분한 도덕감각과 용기 및 지력을 구유하고 있다며, 마땅히 핵시대의 평화를 위한 욕망(need)과 가치(value)를 전반적 교육과정(curriculum)속에 삽입하는 재구성작업이 따라야만 할 것이다.

평화를 위한 교육에있어서 가장중요한 출발점은 모든개인이나 집단, 국가가 상호간에합의하고, 조정하면서 평화적 경쟁조건(the conditions of peaceful competition) 아래서 평화적으로 겨루면서 살아가야 함을 깨닫는 것이다. 그러한 평화적 전제조건은 똑같은 권리의기반(the basis of equal rights)위에서, 비록 불평등한 사태가 발생한다고해도 평화적으로 협의하여 서로만족하게 이끌어감을 뜻한다. 이러한 상태를 도출함에는 두가지의 선행조건이 존재한다. 즉 첫째는 상호경쟁자끼리 서로 화합할 수 없는 차이점을 정밀한 분석과 개념의 명료화를 통해 뚜렷하게 추출하는 작업이 요망되며, 또 둘째로는 상호경쟁자끼리 합의될 수 있는 공동의 터전을 극대화하는 작업이 필수적으로 요망됨이다.

위와같은 평화의작업은 단순한 방법에의해 풀어지는것은 아니다. 수많은 선각자에의해 연구된 실적에의해 뒷받침을 받을면서 또한 많은 영역의 다양한 학파에서 제시된 각종의 이론을 면밀히

검토하면서, 숱한 자료를 수집 · 조사 · 분석하는 가운데 일반화된 진리를 끌어내는 것이다. 다만 이러한 작업에 있어서 궁극적 해결책은 아인슈타인(Albert Einstein)박사의 주장과같이 이를 위한 최선의 방법은 "교육"밖에 없음을 우리는 명심해야 할 것이다.

4. 한국사회과 교육과정과 평화교육

1) 평화교육의 지위

국제평화를 증진하기 위해서, 학교교육과정과 지도법 및 교수자료를 개선함을 통해 국제이해(international understanding) 및 평화(peace), 인권존중(respect for human rights)을 달성시키려는 노력은 유네스코를 비롯하여 많은기관과 사회과 교육학자의 공통된 이상이다. 사실 사회과교육이 많은 경우에 있어서 시민교육적 내지 국민교육적 입장과 동일시되고 있으나, 궁극적인 목표는 인류공영의이상을 실현함에 귀착되어야함은 이론의 여지가없다.

일반적으로 생각할때에 사회과교육의 장(場)은 여러단계의 차원을 갖고 있다. 즉 예를들어 가족공동체에서부터 확대되어 세계공동체까지 이어지는 확장경로를 P·R·Hanna의 이론에의해 보면 대체로 7내지 8단계로 세분된다. 이러한 확장경로는 학습경험의 시계열을 명백히함에 필수적이라 하겠다. 따라서 사회과교육에서 다뤄지는 교육내용은 이러한 계열에따라 나선형적 개념 발전을 하게된다.

그러나 본 책에서는 사회과교육의장을 3차원으로 대별하여 보고자한다. 즉 가족적 차원, 국가적 차원, 세계적 차원을 말함이다.

첫째로 사회과교육의 출발은 가정에서 비롯된다. 가족과의 인간관계에서 사회생활을 올바르게 영위하는 실마리를 찾으며, 이 가족형성을 바탕으로 보다확대된 사회생활이 가능하게 된다. 가정생활의 단위는 가족이며, 가족이 추구하는 가장 최선의목표는 화목의 달성에 있다. 생각건대 건전한가정은 보다 큰 사회의기초적 세포가되며 가정교육은 사회과교육의 초석이며 출발이된다.

둘째로 사회과교육의 중요한차원은 국가의 수준을 생각해야 한다. 사실 오늘날의 사회과교육은 각국이 처해진 상황을 바탕으로 국민형성에 바탕을 둔 부국강병의 목표를 향해 매진해나감이 주류임은 숨길 수 없다. 또한 사회과교육이라고 하면 시민교육 혹은 국민교육이라는 입장에서 국가중심으로서의 교육과같은 것으로 간주되어 온것도 사실이다. 따라서 많은경우에 사회과교육은 다음의 세번째로 거론되는 세계적 차원의 교육이 거의 외면되어 왔다고 해도 과언은아니다.

마지막으로 세계적 차원의 사회과교육은, 다음에서 보듯이 가족적 차원과 국가적 차원을 포괄하면서 인류전체의 궁극적 목표를 이룬다. 즉 사회과교육에 있어서 세계적 차원은 최고의 가치를 내포하고 있으니, 그 목표인 인류평화를 이루기위한 평화교육은 사회과교육에서 가장높은 차원을 차지하고 있다고 하겠다. 평화교육이 요망되는 까닭은 따라서 가장 숭고한 수준에서 이뤄지는 사회과교육의 요청이라고 본다. 아울러 지적할 것은 오늘날의 학생들은 지구위에서 타인과 상호의존하고 있음이 나날이 증가됨을 보게되는데, 이는 학생들에게 지구전체에 대한 학습과 지구전체적 관점에서 사회를 연구할 것을 중요한 과제로 등장시키고 있다. 이상에 논술한 바와같이 중요한 평화교육에 대해서는 많은 연구가 진행되고 있다.

우선적으로 국제평화연구회에 소속되어있는 평화교육위원회가 지적되어야 하겠으며, 이러한 연구는 UNESCO를 중심으로 많은 나라에서 활발히 진행되고있다. 이러한 연구에있어서 대표적인 흐름은 교육과정에 관한 접근법이라고 하겠는 바, 교과서의 재평가, 교육과정의 혁신, 교사의 재교육 등을 중심으로 연구가 진행되고있다. 이러한 연구결과를 정리한 서적 몇가지를 예를들어 지적하면 그 연구의흐름이 보다 명백해지리라고 본다. 이상과 같은 평화교육연구에 있어서 중요하게 지적할 한 가지는 유아교육의 권위자인 몬테쏘리여사의 평화교육론이 중요하게 받아들여져야 하겠다. 그는 평화란 전쟁이 끝난상태가 아니라「정의와 사랑」에 의하여 조화된상태라는 독특한 견해를 중심으로, 어린이속에 숨겨진 평화의 에너지를 참된교육을 통해 길러냄으로써 우주적 차원에서 조화를 찾고 인류평화를 실현할것을 강력하게 주장하여 평화교육의 발전에 큰 기여를하였다.

2) 한국사회과 교육과정의 평화교육

(1) 한국사회과 교육과정의 일반적 입장

일반적으로 교육과정을 살펴 볼 때에, 어떤 교과의 교과목표는, 그교과를 교육함에관한 이상내지 국가이념이 젖어들어 있는 하나의 선언적 의미를 갖고있다. 사회과 교육과정에 있어서도 이와 같은 선언적 성향은 변함이없다. 즉 사회과의 교육목표는 국가의 기본이념, 헌법의 기본정신, 교육법의 기본이념, 국민교육현장 등의 이념이나 정신이 교과목표의 형태로 바뀌어져 나온것이라고 볼 수 있으며, 따라서 이는 구체적 교육내용이 아닌 거시적인 이상의 표출내지 선언이 되는것이다.

지금까지의 한국사회과 교육과정에 담겨져 있는 평화교육의 내용을 살펴보면 초등학교와 중학교 및 고등학교가 공통적으로 "인류공영의 이상"을 사회과교육의 근본이념으로 명백히 규정하고 있다. 이는 대한민국헌법의 기본정신인 "국제평화주의"를 볼때 오히려 당연한것으로, 한국의 사회과교육에 있어서는 국제평화라는 대의의 실현에 최선을 다해야함을 보여준다. 말하자면 한국사회과교육과정에 담겨져있는 내용은 선언적 성향이 강한 것이면서 실천성도 요구하고있으나, 현실에서 실천적인 노력이 뚜렷하게 나타나는 점은없고 선언성만 강하게 남아있는것이 현실이라고 하겠다. 이러한상황에서의 사회과교육은 1984년 무렵에는 현실사회과교육상 큰문제가 없었다고하겠다. 왜냐하면 핵문제와 평화교육이갖는 위상이 고전적틀을 크게 벗어나는 것이 아니었으며, 선언적 입장이 크게노출된 사회과 평화교육에 안주해 있었다고 해서 큰문제가 생길이유도 없었기때문이다. 그런데 1993년 초가 되어서는 우리나라에 있어서 핵을보는 입장이 여러가지로 바뀌게 되었다. 이것은 첫째 핵발전소 건설 등의 평화적 이용에 따른문제, 둘째로 북한의 핵무기개발에 따른 국제적 긴장의문제, 셋째로 일반적인 핵무기와 평화개념이 소련제국의 붕괴에따라 변질됨에 따른 문제 등이 거론되어야하겠다.

(2) 핵발전과 사회과교육

제5공화국까지에 있어서, 우리나라에서는 핵발전소 건설이나 핵폐기물처리장 건설 등의 문제는 크게 문제가되는 것은 아니었다. 권위주의적정부가 있었고 순응하며 따르는 주민이 있었기 때문이다. 그러나 제6공화국에 들어서부터 이러한 문제는 엄청난 변환을 가져왔다. 제4, 5공화국정부의 도덕성상실에서 비롯되어 정부가 갖는 권위도 상당히 훼손되었고, 민주화의 길을 걷는다는 제6공화국1기정부의 정치효율성이 낮다보니 국가가 마땅히 가져야할 권위도 상당한 부분에걸쳐 상실되어버린 어려운상황을 맞게 되었다. 이에따라서 제6공화국 1기정부에 있어서는 원래 핵의 평화적 이용이라는 정당하고 당연한 국가적 요구도 현실적으로 실천된것이 거의없는 허망한 국정운영의 흐름을 엮어냈다.

또 이러한 상황에따른 사회과교육적 입장정리도 분명히 된 것은 없었다. 핵을 평화적으로 이용하지 않으면, 초기 산업사회로 국가를 발전시켜 우리나라를 세계적인 선진산업국가로 만들려는 국가의지는 현실적으로 허망한 것이 될 것은 당연한 이치이다. 에너지가 없이 산업발전이 이루어지는것은 환상임이 분명함에도, 또 그것을 알고는 있음에도 불구하고 핵발전소를 자기마을에 건설하고, 핵폐기장을 자기마을에 건설하는 것에는 절대반대를 하는것이다. 그렇게되면 그 어느곳에서도 핵의 평화적이용은 있을 수 없는것이다.

핵발전소와 핵폐기장 건설을 어떻게 안전하게 만들고 어떻게 쓸모있게 배치하는가는 국가의 담당부서에서 할 문제이다. 그러나 이에대한 이해심과, 핵의 평화이용에 따른 사회문제등에 대한 가치관 형성이나 태도형성등은 사회과교육의 주요 관심사가 되어야 할 것이다.

그것은 첫째로 핵발전소나 핵폐기장을 국가의 어느곳엔가는 확실하게 설치해야할 과학적 필요가 분명하다면, 이것을 이해하는 사회적 심서에대한 교육과정이나 교육자료의 개발이 있어야 할것이다. 자연과학은 사회과학과의 균형이없이는 원만한 발전이 있기 어렵다는 사례의 대표적인 것이 바로 이것이란 생각에서, 이에대한 연구가 많이있어야만 할 것이다.

둘째로 핵발전소나 핵폐기장의 건설과 국가이익을 조화시키고, 거기에 개인이익을 조화있게 대입시키는 사고나 태도에 대한 교육이 바로 교육과정개발에 기초가 됨을 유의한 이론개발에 관심이 쌓여져야하겠다. 그리고 이러한 연구는 꼭 핵문제만이 아니라 공익과 사익이 상치되는 경우에, 국가발전을 시키면서도 공익과 사익을 어떻게 균형있게 보호할 것인가에대한 기초연구도 된다고하겠다.

(3) 북한의 핵무기개발과 사회과교육

1990년대 초에 들어서 북학의 핵무기개발이 세계적인 문제로 대두되었다. 더군다나 북한의 핵전략에 대응하다 보니 국내에 미군의 핵무기가 반입되어 있는가의 여부에 따른 핵부재선언까지도 나오게되고, 이러한 미묘한 문제에대해 교사들의 관심도 높아진 것이 사실이다. 중고등학교 교사들에게 있어서는 학생들의 이와같은질문에 답변을 해야하는 사태도 생길 수가 있으며, 이러한 때에 어떻게 사회과교육을 시켜야할 것인가에 대한 문제도 아울러 발생된다. 이 경우에 대한 교사들의 입장은 어떠해야 할 것인가? 이러한 질문에의 답변은, 대원칙은 일단교사들이 사회과교육의 일반적 탐구과정을 따라서 교육을 시키면 된다는 점이다. 제대로 된 사회탐구의 과정만을 거친다면 문제가 생길 수는 없다. 그러나 이에대한 근본적 철학은 확실히 있어야 할 것이다. 그에 대해서는 3단계의 교육적접근이 있어야 한다고본다.

첫째 단계에 있어서는 일반적인 핵무기론을 다루는 입장이 되어야 할 것이다. 핵무기의 가공할 파괴력과 핵무기의 전쟁억지력 문제 등을 비롯해서, 핵무기가 국제정치질서에 미치는 영향 등에 대한 종합적인 교육이 실시되면 될 것이다. 인류의 사악한 측면을 반영하는 대표적인 구체물이 살상무기이며, 그것의 극대화 수준이 바로 핵무기라는 점이 부각되어야 하겠으며, 그렇기에 핵무기를 인류가 개발하고 보유하는 것은 원초적으로 부도덕한 일이란 것을 분명히 해야 할 것이다. 그러나 핵무기는 현재의 세계에 있어서 너무나 가공할 무기라 누구도 실제로는 사용을 못하는 것이 되었고, 여기에 덧붙여서 특히 우리나라에 독특하게 관련된 것으로서, 2차대전 말기에 원자탄을 맞고 항복한 일본이 당시 자기들의 잘못은 하나도없이 핵무기의 최대피해자가 그들인듯한 교활한 역선전을하는 행태에대한 교육도 사회과교육에서 분명히 다뤄야 하겠다. 그것은 우리가 일본침략의 가장 큰 희생자였기에 특히 그러하다. 한편으로 말하면 2차대전을 종료시킨 핵무기의 최대 반사이득을 얻은 나라가 우리나라이기에 이것은 특히 유의되어야 하겠다.

둘째 단계에 있어서는 첫째 단계에서 밝힌 일반론을 뛰어넘어야 하는 단계를 생각해야하겠다. 왜냐하면 현재 이북에서 핵무기를 개발하는 것만을 막는다고 단순하게 생각하며 무조건 비핵선언을 하고, 심지어 평화용원자력의 꽃에 해당하는 핵농축 및 재처리능력까지도 보유하지 않겠다고 허겁지겁(?) 선언한 6공화국 핵정책은 무언가 비판받을 여지를 크게남겨 놓은바가 크다. 왜냐하면 주변의 핵강국과, 핵무기개발을 위한 만반의 준비를 완료하고 표독한 역사로 점철된 과거를 가진 준핵국인 일본이 포위하고 있는 우리나라가 언젠가 통일이 될 때에 핵공백에 의한 무력한 존재라 처할 위상 등에 대한 미래를 생각하는 심려깊은 배려가 있어야만 할 것이다. 요즈음의 국제사회에, 아니 예부터 서방열강들이 주도한 세계질서형성에 얼마나 도덕적 정당성이 있는가? 그들이 말하는 사랑, 평화, 박애가 얼마나 이기적인 가면을 쓴 것이고, 얼마나 위선적이고 사악한 것인가? 아시아를 거의 모두식민지로 만들었었고, 아프리카의 흑인은 무자비하게 잡아다 노예로 부려먹고, 남아메리카의 원주민여자는 무수한 숫자를 능욕하여 혼혈천지를 만들었으며 북아메리카의 인디안과 호주의 원주민은 씨를 말려놓고 저희들이 그곳에서 살고있는, 조물주가 만든 최악의 실패작들이 서양인들인데 그들만의 이익을 보장하는 세계질서의 유지를 위해서 그것에 승복해야 한다는 논리가 얼마나 정당한 것인가? 필자는 북한이 남측을 무력으로 정복하려는 핵개발의 문제는 적절한 대책이 있어야 하나, 핵 강국들은 핵을 가지면서 우리민족에게는 비핵을 강요하는 논리에는 따를 수 없다는 점을 분명히 강조한다.

국제사회에 있어서 현재 핵을보유하고 있는 강대국들은 예부터 결코 성인군자국들이 아니었고, 앞으로의 사회에 있어서 그 언제까지는 그것이 변함이 없을것이다. 그런데 셋째 단계에 있어서 궁극적으로 지구전체의 핵무기를 UN같은 기구에서 공동관리하거나 공동폐기하고 온세계에 핵무기가 없어지고, 핵은 평화적인 목적을 위해서만 사용되는 정말로 바람직한 세계가 와야 한다는 최상급의단계로 교육의방향이 잡혀져야 하겠다. 다만 여기에 있어서도 유의할것은 국제문제를 볼 때에 상대적으로 보는 시각을 유지함이다. 앞의 2단계에 있어서도 핵강국만 핵을 갖고, 우리민족은 비핵상태에서 종속되게 만드는 것이 부당하다고 했는데, 핵을 공동관리 하고 폐기하는 것은 우리민족이 당당한 국제사회의 구성원으로서 평등한 입장에서 세계비핵화의 길로 나가야 한다는 점이다.

(4) 소련 제국의 붕괴와 핵 확산위기

20세기말에 있어서 국제사회는 엄청난 변혁과 위기를 맞으면서, 탈냉전체제로 급변되는 격동의 시점을 맞고 있다. 그러나 그것은 평화에의 기대치를 매우 높였을 뿐만 아니라, 아울러 불안의 증폭가능성도 높인 모순된 체제를 낳은 것이다. 특히 20세기말에 있어서 나타나는 우려되는 문제는 핵확산이라기보다는 핵보유의 보편화 가능성이 나타남이다.

그 위기는 첫째로 소련제국의 붕괴에서 비롯되고 있다. 20세기의 국제체제를 말하는 동서냉전상황에 있어서 동방축의 초강대국이었던 소련이 20세기말에 허망하게 해체되면서 나온 위기는 의외로 심각한 것이다. 그것은 우선 옛소련의 핵무기가 러시아, 베로루시, 카자흐의 3개국가로 분산되어 배치됨에 따른 불확실성 혹은 불안성의 증대가 가장 큰 문제이다. 그런데 이에덧붙여 경제파탄에 의해 국가파산지경에 이른 소련출신 과학자들이 생활유지를위해 핵기술을 팔아넘기는 문제가 심각한 국제문제로 나타나며 핵확산위기가 현실로 등장한것이다.

그 위기는 둘째로 국제적인 과학기술수준이 향상되면서 핵개발능력이 점차 보편화되기 시작하는 징후가 널리 나타나고있음이다. 이것은 우리나라에 대한 직접적 이해관계도 문제지만, 인류전체라는 입장에 있어서도 너무나 심각한 문제인 것이다. 사회과교육에 있어서 앞으로 핵무기문제는 국제도의와 인류의 미래라는 거시적인 시각에서 다뤄져야 할 것이다.

5. 결론

지금까지 한국 사회과 교육과정에 있어서 평화교육이 필요한 여러 이론적배경의 연구를 바탕으로, 한국사회과교육과정의 미래를 위한 평화교육을 분석하였다. 지금까지 살펴본 바를 바탕으로 하여 미래의 바람직한 사회과 교육과정을 위해 다음과같은 점이 유념되어야 함을 결론으로밝힌다.

첫째로 교과목표에서 초중고 사회과교육과정이 공통적으로 선언하고있는 평화교육의 이상은 계속적으로 강조되어야 한다. 예부터 평화를 사랑해온 백의민족이요, 평화애호민족으로서의 전통을 꾸준히 지켜나감은 교육에의해서 밑받침되어야 할 것이다.

둘째로 국가주의적 국민형성을 강조하여야 함은 오늘날의 한국 실정으로 보아 당연하나, 인류평화의 대의를 실현키위한 평화교육이 상대적으로 가볍게 다루어져서는 안되겠다. 따라서 강력한 국가를 만드는 국민형성과 인류공영을 지향하는 평화애호가 적절하게 조화를 이루도록 하여야 하겠다.

셋째로 한국의 사회과교육과정들에서는 나름대로는 평화교육의 의지는 강하게 느끼되, 느낀만큼의 조직적이고 체계적인 접근 의도는 발견되지 않는다. 학교급별, 학년별, 교과별로 체계적인 접근이 이루어져야 하겠다. 생각건대 이상을 현실화시킬 구체적 작업이 수반되어야 할 것이다.

넷째로 평화교육의 내용이 교육과정에 보다 구체적으로 명기되어야 하겠다. 물론 평화의 정신이 그 내용에 널리 숨어있다고도 할 수는 있으나, 보다 명료하게 구체화되어야 하겠다.

끝으로 본 책에서는 다뤄지지 않았으나 교육과정의 현장교육 실천을위한 현실화과정에 있어서의 평화교육도 소홀히 될 수는 없다. 교과서의 제작에 있어서 교육과정의 근본의지나 정신이 완전히 반영되어야 하겠으며, 이에따른 각종교육자료의 개발도 수반되어야 하겠다. 앞으로 한국평화교육의 정착을 위해서는 많은 평화교육프로그램의 제작 및 이의 현장실험, 평화교육에 관한 제반연구의 진행이 필수적이다. 특히 강조되어야 할 것은 평화교육에 대한 정책당국자의 인식과 교사교육에 있어서의 평화교육이다. 모든교육이 현실적으로 볼 때 교사의 질에 따라 피교육자에게 올바로 교육될수 있는가의 성패가 달려있다고 해도 과언은 아닌 것이며, 교사교육에 있어서 평화교육은 앞으로 주요한 논점이 되어야 할 것이다. 그런데 다만 여기서 유의되어야 할 것이 평화교육을 한다는 입장이 잘못 이해되는일이다. 그리하여 국민은 기백을 허약하게하고 민족의 원초적인 야성적 기질을 잃게 만들어 국제사회에서 낙오되는 민족적 기질이 나타나게 되는 흐름의 싹을 뿌리는 일이 없어야하겠다. 평화교육은 국민을 허약하게하는 교육이아니라 국제사회에서 당당한 구성원으로서의 존재를 분명히 하며, 강력한 국력을 갖고 우리의 국제적 위상을 분명히 정립하며 국제평화형성의 주체자가 됨을 말하는것이다.

「국제 사회는 아직도 유아기에 있고, 먼 발전을 향한 중간적 과정에 머물러 있다. 국제사회는 먼 훗날 진정한 평화체제가 되어야하나, 현재의 국제사회는 결코 완성된 것도아닌 진화과정에 있으며, 성스러운 국가들로만 구성되어져 있지는 않다. 그렇기에 현재의 국제사회에는 영원한 적도 없고 영원한 우방도 없다는, 비논리적이고 의미없는 말이 진리인것이다. 우리는 그렇기에 강한 국력을 가져야 하고, 강해야만 평화를주도하는 주체자가 됨을 유의해야 할 것이다.」

제 7 장 이상적인 교사

1. 교사의 자질

교육의질을 한 단계 높여서 다음의 세대들에게 풍부한 학습경험을 제공하고 그들로하여금 전인적 성장 · 발달을 가능하게 하려면 무엇보다도 먼저 우수한 자질을갖춘 교사가 필요하다. 교육의 질은 교사의 질을 넘어설 수 없으며 한 국가의 전체 교육력은 교사 한 사람 한사람이 가진 교육력의 총합이 된다.

국가간의 경쟁양상이 1950년대까지는 군사력경쟁이었고 1970년대까지는 경제력에의한 경쟁이었지만, 1980년대 이후부터는 교육력에의한 경쟁이 일반적인 현상으로 되었다. 인간자본(human capital)의 우수성은 높은 교육의질을 통하여 보장되는 것이다.

교사의 교육력은 그 교사의 자질에 의하여 결정된다고 할 수 있는데, 여기서말하는 자질이란 말 그대로 자격과 기질을 의미하는 것이다. 자격이란 후천적인 교육에 의해서 얻어지는것이며 기질은 주로 선천적인 유전으로 정해지는 것이라고 볼 수 있다. 그러므로 교사의 자질은 선천적인 인성이나 적성뿐만 아니라 교사교육(teacher education)에 의해서 좌우된다고 하지 않을 수 없다.

바람직한 교사가 갖추고 있어야 할 자질의 내용이 어떤 것이냐에 대해서는 학문적으로 다양한의견이 제시되어 있으며, 부록에 제시한 사도헌장(1982. 5. 15 대한교육연합회 제정)이나 사도강령(1958. 9. 19 대한교육연합회 제정, 1982. 5. 15 대한교육연합회 개정 공표)에서도 자세하게 규정되어있다.

또, 교사의자질은 교육관에 따라서 달라질 수도 있는가 하면, 교육사조의 흐름에 따라서 변천된다고도 볼 수 있다. 예를들면 진보주의적 교육관에서는,

- 아동의 흥미와 욕구를 충족시켜 줄 수 있는 교사
- 아동들이 스스로 학습하는 것을 도와주는 조력자, 안내자로서의 교사
- 아동들의 자유로운 활동을 최대한으로 보장해 주는 교사
- 다방면에 걸친 지식과 기술의 소유자
- 학생의 개인차를 존중하는 교사

등을 들고 있고, 본질주의(Essentialism)와 항존주의(Perennialism)로 대표되는 전통주의적 교육관에서는,

- 인격적으로 감화를 줄 수 있는 교사
- 문화유산의 전달자로서의 교사

- 사회적 통제자로서의 교사
- 권위를 존중받을 수 있는 교사

등을 들고 있으며, 20세기의 인간중심주의적 교육관에서는,

- 매사에 진실 된교사
- 한 개인으로서의 아동을 존중하는 교사
- 공감적 이해를 가지는 교사 등을 들고 있다.

교사의 자질에 관한 이와같은 여러견해들을 종합해 보면 다음과 같은 몇가지가 바람직한 교사가 갖추어야 할 자질이라고 할 수 있다.

- 사표가 될 수 있는 훌륭한 인격
- 인간(학생)에 대한 무한한 사랑
- 인간교육에 대한 확고한 철학
- 민주적인 시민정신과 생활태도의 내면화
- 교육이론과 관련교과에 대한 해박한 지식
- 높은수준의 교육실천 기술과 일정기간의 교육경험

2. 교사의 역할

교사의 기능이나 역할을 어떻게 규정하느냐 하는 문제는 이론적으로는 여러가지로 견해가 나누어질 수 있겠지만, 교육과정을 기준으로 생각해보면 학습지도와 생활지도, 특별활동지도, 그리고 학급경영 등 네가지로 정리해 볼 수 있다. 여기서는 이들 내용

을 좀 더 구체적으로 요약하여 살펴보고자 한다.

1) 학습지도 활동

교사의 역할중에 가장 핵심적인 것은 학습지도이다. 학습지도는 수업에 관련되는 수업설계, 수업전개, 평가 등이 대표적인 것이지만 자율학습지도나 가정학습지도 등도 학습지도의 영역에 속하는 것이다.

학습지도라는 역할을 보다 훌륭하게 수행하려면, 교사는 다음과 같은 몇가지 요건을 갖추고 있어야한다.

- 학습지도의 중요성에 대한 정확한 이해
- 특정의 교과나 과제에 대한 해박한 지식
- 학습지도에 관련되는 교육학의 이론적인 지도기술과 지도경험
- 학생들에 대한 사랑과 학습지도에 대한 열성

2) 생활지도 활동

학습지도가 먼저냐, 생활지도가 먼저냐 하는 논쟁이 일선 교사들 간에 일어나는 것을 가끔 볼 수 있다. 이 논쟁은 교육활동 중에서 학습지도와 생활지도는 어느것이 더 비중이 크냐, 어느것이 더 중요하냐, 또는 어느것이 더 기초가 되느냐 하는 등의 의미를 담고 있는것이다. 그러나 이론적으로 따져보면, 생활지도가 되어지지않은 상태에서는 학습지도가 어렵게 되고 학습지도가 효과적으로 되면 생활지도는 별 문제없이 되어지는 것이므로 양자는

상호보완적인 긴밀한 관계에 놓여있다고 하지않을 수 없다.

생활지도는 교육활동의 모든영역에서 필수적으로 수반되어지는 지도형태이기 때문에 생활지도의 영역이나 대상을 별도로 따져볼 필요성은 없다. 또 생활지도는 인성지도나 성격지도와도 밀접하게 관련되어 있기 때문에 학습지도와는 달리 "이것이 생활지도이다"라고 내세울 만큼 분명한 모습을 가지는 것도아니다. 그러므로 생활지도는 학습지도, 특별활동지도, 학급경영 등의 활동을 제외한 모든 지도형태를 말한다고 하지않을 수 없다. 이렇게 생활지도는 매우 광범한개념으로 파악하지 않을 수 없지만 그 핵심적인 내용은 상담(counseling)이다.

생활지도 = 상담이라는 식으로 생활지도를 이해할 수는 있기도 하지만, 엄밀한 의미로 따져보면 상담이란 생활지도의 한 형태에 불과하다고 해야 한다. 다만 상담이 생활지도의 핵심적인 유형인 동시에 그것의 가장 대표적인 형태임에는 틀림없다. 그러므로 생활지도라는 교사의 역할을 효율적으로 수행하려면 학교상담에 관한 이론적인 지식과 기술, 또 어느정도의 경험이 필수적으로 요청된다. 따라서 생활지도에서 요구되는 교사의 능력은 다음과 같은 몇가지로 요약해 볼 수 있다.

- 인간행동의 특성이나 원리에 대한 깊은 이해
- 인간행동의 변화에 관련된 교육이론과 그 적용의 기술
- 학생상담에 관련된 이론적 지식과 그 적용의 기술 및 경험
- 인간관계(human relation)의 본질에 대한 이해와 그 처리기술

3) 특별활동 지도

특별활동이란 교육목적이나 교육목표를 달성하기 위한 교과외의 모든 교육활동을 말한다. 지식이나 기술의 전수가 학습지도의 주된 기능이고 바람직한 태동의 형성이 생활지도의 주된 기능이라고한다면 특별활동지도는 이 두가지기능을 통합하는, 학생들의 능동적인 참여와 자율적인 활동을 전제로 하는 전인적인 교육활동이라고 규정할 수 있다. 이러한 특별활동은 Home Room 활동, Club 활동, 기타 자치활동으로 구분된다. Home Room이란 완전히 교과담임제로 되어 있는 중등학교에서 수업을 위한 집단조직과는 달리 관리상 또는 생활지도상의 필요에서 조직되는 학급집단이 주체적으로 전개하는 자율적인 활동을 말한다. 이러한 Home Room 활동은 학생들의 능동적인 참여와 자율적인 활동을 통한 민주시민의 자질을 함양하는 전인적인 교육활동이라고 할 수 있다.

Club 활동이란 취미나 흥미, 적성 등이 유사한 학생들로 집단을 형성하여 자신들의 적성 등을 신장 · 발달시키기 위해서 교사의 지도아래 자율적으로 전개해가는 활동을 말한다. 오늘의 입시위주 교육이 학생들의 적성이나 흥미 등을 무시한 채 획일적인 지식의 암기만을 강요하고 있는 현실에서 볼 때 클럽활동은 매우 중요한 교육영역이라고 하지않을 수 없다. 그러나 우리의 교육현장에서는 이러한 클럽활동이 서류나 문서상으로만 되고있을 뿐, 모든 학생들이 체험하는 실제적인 교육활동이 되지못하고있는 실정이다.

Home Room 활동과 Club 활동을 제외한 특별활동으로는 학생회 활동과 학교행사활동을 대표적인 것으로 꼽을 수 있다. 학생회 활동은 전교생이 참여하여 지역사회의 생활여건개선과 발전에 공헌할 수 있는 봉사활동을 계획하여 추진하는 활동을 말하는데 이들 활동에서는 전체학생의 자유로운 학교생활이나 개개학생의 학습취미 활동이 저해되는 일이없도록 해야한다.

학교행사활동은 국경일 등의 의식이나 축제나 운동회, 학예외 등을 통한 교육활동을 말하는데 이들 활동에서는 창의적이고 효율적인 계획을 학생들과 함께 협의하여 수립함으로써 학생들의 적극적인 참여를 유도할 수 있게 해야 한다. 다만 이러한 행사활동이 정상적인 교육과정운영이나 학습활동에 지장을 주지 않도록 해야하며 형식적인 행사가 되지않고 교육적인의의가 충분하게 발휘될 수 있도록 각별히 유의해야한다. 이러한 특별활동 지도를 효율적으로 할 수 있기위해서는 대체로 다음과같은 능력이 교사에게 요청된다.

- 인간관계의 본질에 대한 이해와 그것의 처리기술
- 능동적·적극적인 사고방식과 생활태도
- 독창적인 특기나 흥미, 취미 등의 개발
- 학생의 인격존중과 그들의 행도에 대한 칭찬, 격려, 보상(강화) 등의 기법

4) 학급경영 활동

교사의 역할을 또다른 측면에서 보면 수업활동 내지 교수활동(teaching activities)과 경영활동(management activities)이라는 두 가지로 나누어 볼 수도 있다. 여기서 말하는 교수활동이란 앞에서 고찰한 학습지도, 생활지도 및 특별활동지도를 총괄해서 지칭하는

것이고 경영활동이란 학급담임교사로서 교재내용의 학습이나 생활지도 이외에 학급내의 아동 · 학생상호간에 이루어지는 인간관계, 교사와 아동 · 학생 간에 갖는 인간관계 등을 처리하고 학급의 학습분위기를 조정하며 필요한 서류나 장부 또는 학급의 비품 등을 비치·관리하는 등의 활동을 말한다. 교사의 학급경영활동은 직접적으로 학생들의 학업성적에 영향을 미친다고는 할 수 없지만 학급의 학습분위기 조성이나 학생들의 민주적인 태도형성에는 매우 중요한 의의를 가지는 것이다. 이러한 학급경영 활동에서 특별히 강조되어야할 교사의능력으로는 다음과 같은 몇 가지를 들 수 있다.

- 인간관계의 본질에대한 이해와 그것의 처리기술
- 예민한 관찰력과 직관력
- 신속하고 정확한 사무처리 능력
- 상담에관한 이론적 지식과 적용기술
- 학부모와의 바람직한 관계유지 능력
- 인간의 지적 및 정의적인 성장 · 발달에관한 기초적인 지식
- 리더십(leadership)에관련된 지식과 그 활용기술

3. 교사의 유형

여기서 말하는 교사의 유형이란 교사가 아동·학생을 지도하는 행동의 유형을 지칭한다. 다시말하면, 학습지도를 비롯한 생활지도나 특별활동 지도를 통하여 비교적 일관성있게 나타나는 교사

의 행동이나 태도를 정형화해서 구분한 것이 여기서 말하는 교사의 유형이다.

교사의 지도방법이나 그 태도는 직접적으로 뿐만 아니라 간접적인 잠재적 교육과정(latent curriculum)의 형태로도 아동·학생의 성격 형성이나 성장·발달에 크게 영향을 미치기때문에 교사가 학생을 지도할 때 어떤방법이나 태도를 일관성있게 지속적으로 사용하는가 하는 문제는 매우 중요한의의를 가지는 것이다.

교사의 학생지도는 교사와 학생의 상호작용으로 나타나는 것이므로 지도방법의 유형이라고도 할 수 있는 교사의 유형은 바로 상호작용의 유형이기도 하다. 이러한 의미의 교사의 유형은 대체로 다음과같은 세가지로 구분하는 것이 일반적이다.

1) 전제형

학생을 지도함에 있어서 체벌이나 질책을 가장 대표적인 수단으로 사용하는 교사를 전제형의 교사라고 할 수 있다. 즉, 칭찬이나 격려, 상담 등의 지도방법보다도 교사의 자의나 편의대로 물리적인 강제적 방법을 사용하여 지도하는 유형을 전제형이라고 한다.

이와같은 지도유형은 피교육자의 자발적·능동적인 활동이나 학습을 저해하고 그들을 맹목적으로 순종만하는 피동적인 성격, 아니면 반대로 반항하는 저항적인 인간으로 만들게 된다. 따라서 창의성이 없어지고 의뢰심이 강하게 되며 적극적인 자기반응과 자기평가를 하지 못하게 되어 현실문제에 대하여 무기력한 자세를 보일 수밖에 없게 된다.

이러한 지도방법은 지도의 능률성이나 효율성이라는 미명 아래 사용되지만 그결과는 일시적인 억제나 정지, 또는 위선적인 행동이나 기대되는 행동의 가장으로 나타날 뿐이다.

2) 자유방임형

말 그대로, 자유방임형은 인간의 자연성이나 아동·학생의 흥미나 욕구를 존중해 준다는 취지에서 교사가 적극적인 지도를 하지 않고 학생들의 자의에 모든것을 맡겨버리는 유형을 말한다. 이런 유형은 좋게보면 교사가 자신의 권위를 내세우지않고 학생의 자율성을 길러준다고 할 수 있지만 사실은 체계적인 지식이나 기술의 전수가 불가능해짐으로써 교육목적의 달성이 어렵게 된다. 이 유형은 교육의 계획성이나 의도성이라는 본질에 정면으로 배치되는 것이라고 하지 않을수 없다.

교사의 자유방임적인 지도나 그 태도는 자신의 일에 대해서 열의가 없는 무책임한 정신자세나 아동·학생에 대한 교육적 사랑을 포기하거나 단념한 의욕상실의 결과에서 나타나는 현상이다. 그러나 때로는 지속적인 업무의 과중이나 개인적인 고민 또는 사생활의 급격한 변화에서 비롯될 수도 있다.

3) 민주형

정치적 이데올로기로서의 민주주의를 신봉하는 국가에서는 교육의 중요한 목표가 바로 민주적 시민을 육성하는 것이다. 즉, 민주국가에서의 교육은 민주주의에 대한 확고한 신념과 민주적인 생활양식을 몸에익힌 민주시민의 육성을 그 목적으로 하는 것이다. 뿐만아니라 민주사회를 보존하여 그것을 전승시키고 발전시키는 것 또한 교육의 목적인 것이다. 이러한 민주시민의 육성이나 민주사회의 유지 · 발전이라는 교육목적의 달성은 교육을 담당하는 교사의 민주적인 인격이나 태도 등이 필수적인 요건이 된다.

교사의 민주적 태도는 아동 · 학생의 요구나 흥미를 기초로 하여 자발적인 학습태도를 자극하고 참다운 개성의 신장 · 발달에 도움이 된다.

민주형의 교사는 앞서의 전제형과 자유방임형의 중간형태라고 할 수 있는것으로서 집단활동에의 적극적인 참여와 봉사, 협동정신, 대화와 관용, 자율적인활동과 성실한 노력 등에 초점을 두고 지도를 하게 된다. 그러므로 이러한 민주적 유형의 교사가 아동·학생과의 상호작용에서 가장 바람직한 효과를 나타낼 수 있다.

위의 세가지 유형을 몇가지기준에서 비교해 보면 다음의 [표 7.1]과 같게 된다.

[표7.1] 교사의 세 가지 지도 유형

유형 기준	전 제 형	민 주 형	방 임 형
의사결정	교사의 권위에 따른 결정	집단토론에 의한 결정	개인의 자의에 의한 결정
지도계획	그때그때 교사의 자의에 따라 정해지므로 별도의 계획이 없음	토론에 의해서 몇 개의 계획이 대안적으로 정해짐	모든 행동이 개인의 자의에 맡겨지므로 별도의 계획이 없음
지도방법	교사에 의한 전제적 방법	민주적인 토론과 협동을 통한 참여와 권장	원칙적으로 교사는 관여하지 않으며 개인의 자유에 일임
평가방법	교사의 자위에 따른 상찬이나 벌 또는 체벌이라는 양극적인 평가	객관적인 사실이나 기준에 따른 상과 벌	개인의 활동에 대해서 원칙적으로 평가하지 않음

4. 이상적인 교사상

어떤 교사를 가장 훌륭한 교사라고 할 수 있느냐 하는 이상적 교사상에 대해서는 그 기준을 어떤것으로 하느냐 하는 것, 예를 들면 교육사조나 교육관 등에 따라서 달라지지 않을 수 없다. 또 사회적 여건이 다르고 시대적 상황이 변해감에 따라서 교육관이나 교직관에도 변화가 생기게되므로 이상적인 교사상도 변천되기마련이다.

교사의 인성이나 자질이 아동·학생에게 측정할 수 없을 정도의 큰 영향을 미친다는 것은 사실이다. 교사는 학생들로 하여금 야심을 갖게하고 용기를 불어넣어주며 모험적인 과제에 도전하게 할 뿐만 아니라 책임감을 심어주고 인내심을 키워주며 상상력을 발달시키기도 한다. 그러나 교사의 자질이나 능력여하에 따라서는 이와같은 긍정적이고 바람직한 영향이아닌, 부정적이고 바람직하지못한 영향을 끼칠 수도있는 것이다.

Hartt, F. W.(1980)는 고등학교 학생 10,000명에게 질문지를 던져 가장좋아하는 교사상을 그리게하여 그 빈도수가 많은 순서에 따라 다음과같은 10가지의 이상적인 교사의특성을 지적해 주고 있다.

- 학교공부에 도움이 되고 교과나 과제를 명료하고도 충분하게 설명하며 수업에 보기를 많이든다.
- 유쾌하고 행복스럽고 온후하며 쾌할하고 유머가 있고 농담을 할 줄 안다.
- 집단의 일원으로 인간적이고 사람을 잘 따르게 하며 친하기 쉽다.
- 학생에게 흥미가 있고 잘 이해한다.

- 공부를 흥미있게 만들고 공부에 대한 욕망을 일으키고 학급의 학습활동을 즐겁게 만든다.
- 엄밀하게 학급조정을 하며 관심을 불러일으킨다.
- 공평하고 편애하지 않는다.
- 무뚝뚝하지 않고 짓궂지 않고 까다롭지 않고 말이 많지않고 비꼬지 않는다.
- 배운것이 많다.
- 사람을 좋아하는 인성을 가지고있다.

위의연구결과를 분석해 보면, 교과의 지식에 관한 것이 9순위 1개 항목, 교직관에 관한것이 3순위와 4순위의 2개 항목, 성격에 관한것이 2순위, 8순위, 10순위의 3개 항목, 교육기술에 관한것이 1순위, 5순위, 6순위, 7순위의 4개 항목으로 되어있음을 알 수 있다. 이렇게볼 때 교사에 가장기본이 되는것은 '담당교과에 관한 지식' 임은 부인할 수 없지만 그 지식이 아무리 풍부하여도 전달기술이 미흡하거나 성격적 결함으로 학생들이 수용할 수 없게 되면 교사의 그 지식은 학생들에게 아무런 보탬이 되지 못함을 짐작할 수 있다.

우리나라에서 이루어진 이상적 교사상에 대한 연구는 최근 한국교육개발원에 의해서 수행되었는데 그 결과를 요약하면 다음의 [표7.2]와 같다.

[표7.2] 이상적 교사상에 대한 가치의식의 분포 (%)*

	교사	학부모	학생	전체 평균
담당과목에 대한 실력	7.7(4)**	7.2(5)	7.8(4)	7.6(4)
교육자로서의 신념	34.8(2)	33.5(1)	29.2(2)	32.5(2)
예절 · 질서지도	2.7(5)	10.4(4)	3.3(6)	5.5(5)
요령있는 수업지도	1.3(6)	6.6(6)	7.5(5)	5.1(6)
학생에 대한 깊은 관심 · 사랑	35.3(1)	30.6(2)	31.5(1)	32.5(1)
삶의 자세 지도	18.2(3)	11.6(3)	20.6(3)	16.8(3)
계	100.0	100.0	100.0	100.0

위의표에서 알 수 있는것처럼 학부모 집단이 교사나 학생집단에 비하여 '교육자로서의 신념'을 가장높게 선택한 반면에, 교사와 학생집단은 '학생에대한 깊은관심과 사랑을 더욱 이상적인 교사상으로 생각하고 있다. 또 학부모집단이 '예절과 질서지도'를 다른집단에 비하여 비교적 높이평가하는 반면, 교사와 학생집단은 '담당과목에대한 실력'을 더 중요하게 보고 있다.

미국국민을 대상으로 조사한 Gallup의 '교육에대한 국민의 태도분석'에서는 '당신자녀의 선생님을 선택한다면 같은경험과 훈련을 받은 선생님이라고 가정하는 경우 어떤인간특성을 지닌 교사를 원하십니까?' 라는 질문에,

- 이해와 의사소통의 가능성을 지닌 교사
- 어린이에게 확고하고 공정한 원칙을 지닌 교사
- 높은 도덕적 특성을 지닌 교사
- 어린이에 대한 사랑과 관심을 지닌 교사

---

* 김종철 외 6인(1983), 교사론, 서울: 교육과학사, p.94에서 재인용.
** ( )안은 집단 내에서의 중요도 순위임.

- 헌신적인 교사
- 친근하고 좋은 성품을 지닌 교사
- 정결하고 깔끔한 외모를 지닌 교사

등의 순으로 바람직한 교사상을 제시하고 있다.

위의결과를 앞에서 소개한 한국인이 생각하는 이상적인 교사상과 비교해 보면, '이해, 의사소통, 확고하고 공정한 원칙을 지닌 교사' 등의 의미가 교육자로서의 꿋꿋한 신념을 가지는 것이라고 볼 때, 한국인이나 미국인이나 기대하는 바람직한 교사상은 그 중요도에 있어서 일치하는 점이 있다고 하겠다. 다만, 한국인이 가장높이 평가하는 '학생에 대한 사랑과 관심을 지닌 교사' 라는 항목이 미국인에 의해서는 5위의순서로 평가되고 있는데 이 점은 한국과 미국의 문화적 배경이나 가치관의 차이에서 비롯된 것이라고 해석할 수 있다.

Shiply, C. M. al.(1964)이 제시한 교사의 바람직한 특성은 다음과 같다.

- 정서적 안정과 건전한 정신건강
- 신체적 건강과 역동적인 인성
- 평균이상의 지능
- 창의성, 상상력, 융통성
- 단정한 용모와 세련된행동 및 맑은음성
- 호기심, 친절, 동정심, 재치
- 인내심
- 성실성과 의지성
- 굳센 의지
- 민첩성, 효율성, 조직력

• 긍정적, 적극적 태도
• 민주적인 지도력
• 직무에의 만족

더 말할 필요없이 바람직한 교사의 특성에 대해서는 위에서 소개한 것 들 외에도 수없이 많은것을 생각해 볼 수 있다. 왜냐하면 이상적인 교사상은 앞에서 지적한대로 교육사조나 교육관 또는 역사적 · 시대적 상황 등에 따라서 여러가지로 서로다르게 논의될 수 있는 것이기때문이다.

위에서 소개한 연구결과들이나 견해들을 종합하여 분석해 보면 오늘의 한국적 상황에서 기대되는 이상적 교사상은 다음의 [그림7.1]과 같이 제시해 볼 수 있다.

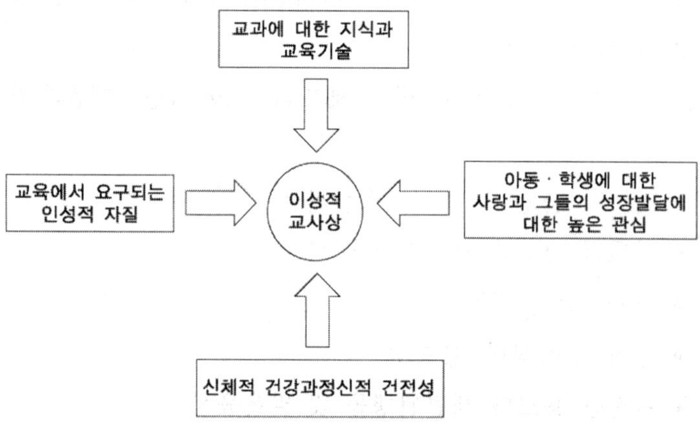

[그림7.1] 이상적 교사상